DEJATE
TRANSFORMAR

TUS PASOS EN LA OBRA DE CRISTO

ENRIQUE LUIS RULOFF

Déjate transformar. Tus pasos en la obra de Cristo.
2ª edición

Copyright 2011 por Enrique Luis Ruloff
Borges 3247
(1636) Olivos - Buenos Aires
Tel. 54-11-4799-8533
E-mail: enriqueruloff@hotmail.com

ISBN 950-759-067-6
Hecho el depósito que marca la ley 11.723.

Queda prohibida la reproducción total o parcial de este libro, sin previa autorización de la Editorial.

Producido en Argentina
Setiembre 2014 por Enrique Luis Ruloff

*A mi amada esposa Paula,
por todo el apoyo que me ha brindado
y por ser mi compañera de peregrinaje.
A cada uno de mis hijos por darme
un nuevo desafío en la vida y una
comprensión más acabada
de la gracia de Dios.*

Contenido

Prólogo	7
Palabras de agradecimiento	11
1. ¿Creemos que "sólo Cristo" salva?	13

PRIMERA PARTE

Algunas opciones falsas	19
2. Las experiencias místicas	21
3. La religiosidad	39
4. Las doctrinas	51
5. La moralidad	61
6. El intelecto	71
7. Las relaciones interpersonales	85

SEGUNDA PARTE

La obra suficiente de Cristo	103
8. La humanidad completamente perdida	107
9. La obra de Dios en Jesús	125
10. Resultados de la obra de Cristo	147
11. La regeneración y la creación de un ser humano nuevo	159
12. Apropiarse de la salvación	169

TERCERA PARTE
Situados en la perspectiva adecuada   185
13.   Sí a la profundidad de la experiencia   187
14.   Una religiosidad verdadera   197
15.   Una doctrina que libera   209
16.   La moral de la gracia   215
17.   Una inteligencia iluminada   225
18.   Relaciones renovadas por la esperanza   233

Conclusión   247

Apéndice A: Las buenas obras como muestra de nuestra fe   255
Apéndice B: Conocer personalmente a Jesús   263
Apéndice C: Cómo usar este libro para estudiar con un grupo   269

Bibliografía   275

Prólogo

EN EL CAPÍTULO 1, EL AUTOR CITA UNA FRASE OÍDA en un aula del Instituto Bíblico Buenos Aires: "La falsa religión no se identifica con las religiones históricas particulares, sino (más bien) con los intentos de autosalvación que se dan en toda religión, incluso en el 'cristianismo evangélico'". Unos párrafos más abajo y refiriéndose a la última parte de la frase, el autor presenta el tema central de reflexión que él pretende profundizar: "Buena parte de los creyentes evangélicos, en la práctica, dependen de una autosalvación o de una salvación compartida, lo que los lleva recurrir a ciertos 'agregados' que se suman a la fe en Cristo".

Entre todas las religiones del mundo (se incluye aquí a quienes sinceramente quieren alcanzar la gracia del Dios verdadero), siempre hubo dos grupos de personas. En primer lugar, están aquellos que perciben que hay una realidad divina, perciben que están en falta frente a ésta y que nunca podrán estar a la altura de sus requerimientos. Como solución, intentan cambiar el perfil de esa realidad divina y sus exigencias, principios y normas, "creando" así un dios (o dioses) con una imagen, expectativas y normas más "negociables". Éstos no aceptan a Dios tal como él se revela en la Escritura. Este grupo es el autor de las "religiones de balanza", es decir, de aquellas que enseñan que esta realidad divina tiene esencia y comportamientos demasiado humanos, tanto que podemos "comprar" o negociar su "gracia" por medio de algún pago o mérito que inclinaría la balanza a nuestro favor. Aquí son los propios seres humanos quienes deciden quién es Dios (semejante a nosotros), cuáles son sus principios y requerimientos (semejante a los nuestros) y aun cuál es el camino o los caminos que nos pueden llevar a él (el camino del mérito o pago personal, salvación obtenida).

En segundo lugar, están aquellos que perciben que hay una realidad divina, perciben que están en falta frente a ella y que nunca podrán estar a la altura de sus requerimientos. Sin embargo, su preocupación no es cómo cambiar a Dios, sino cómo cambiarse a ellos mismos. Éstos deciden aceptar a Dios tal como él se revela y, como entienden que nunca estarán a la altura de sus exigencias (ni siquiera cerca), deciden depender de la total gracia de esa divinidad para sus vidas aquí y en el más allá. Éstos son los que creen en la "religión de la gracia"... y sólo el cristianismo revelado en el Nuevo Testamento se ajusta a este patrón: Sólo Dios, y gratuitamente, inclina la balanza a mi favor. Yo no puedo inclinarla ni siquiera un poquitito. Yo sólo recibo gratis lo que él me ofrece gratis (salvación recibida).

Ahora bien, dentro de las distintas concepciones cristianas (incluso la evangélica), siempre existieron aquellos que admiten que la gracia de Dios sólo llega a uno gratis (valga la redundancia), sólo por Jesucristo y sólo por medio de la fe en él. Sin embargo, en la práctica y con frecuencia inconscientemente articulan una tercera posibilidad: "Yo no inclino la balanza a mi favor, pero puedo hacer mucho para ayudar a inclinarla... y si no lo hago, no se inclinará lo suficiente". Vale decir: Al sacrificio de Cristo tengo que agregarle algún sacrificio personal, algún mérito, algún pago, alguna práctica o ritual, algún 'agregado' (salvación compartida). Por más extraño que parezca, ésta es la creencia más difundida dentro del cristianismo de todos los tiempos... incluso alarmantemente aceptada por muchísimos cristianos evangélicos de hoy... que es la preocupación puntual del autor de esta obra.

En este libro, el autor ataca específicamente y en forma muy acertada esta "tercera posibilidad", advirtiendo sabiamente acerca de seis "agregados" muy comunes y dejando en claro que sólo la total dependencia en la gracia de Dios, expresada en el acto redentor del Señor Jesucristo, es la "religión" que nos salva. A la misma vez, muestra que hay un lugar válido para el ejercicio de cada uno de estos seis elementos... cuando no son practicados como agregados para "ayudar" en nuestra redención.

Recomiendo enérgicamente la lectura, reflexión, investigación y enseñanza profunda de este tema en nuestras iglesias e instituciones teológicas. El presente libro es el único material en español que conozco que trata este asunto específicamente. Si esta consciente o inconsciente "tercera posición" existe (¡y existe!), es porque esta verdad ha sido descuidada. La doctrina de la justificación únicamente por la gracia de Dios en Jesucristo es nuestra base doctrinal. Sin conocer esta verdad (tan claramente como para creer en ella), no hay nuevo nacimiento ni auténtica iglesia de Jesucristo... y, obviamente, nada sólido podrá edificarse sin esta base por más que enseñemos todas las otras verdades genuinamente basadas sobre la revelación de Dios.

Vilmar Casal
Rector del IBBA

Palabras de Agradecimiento

MUCHAS SON LAS PERSONAS QUE DE UNA U OTRA manera estuvieron involucradas en este trabajo, a todas quisiera expresarles mi gratitud.

Quiero agradecer profundamente a mi esposa, quien me ha apoyado desde un principio en este proyecto de escribir un libro, como también a mis hijas Jennifer, Jacqueline, al pequeño Christopher y al bebé que está en camino. La familia es la que más se siente afectada cuando un integrante debe restarle horas de atención. Gracias por la comprensión de cada uno de ellos, por darme en este tiempo una cuota extra de gracia.

Muchas gracias a todos los profesores de los cuatro seminarios en que he estudiado durante mis años de formación, en especial a los profesores del Instituto Bíblico Buenos Aires, en donde recibí la mayor parte de mi formación teológica, como también cristiana. A ellos les debo todo cuanto he aprendido, como también los desafíos de seguir buscando más de Dios.

Gracias, Vilmar Casal, rector del Instituto Bíblico Buenos Aires, por haberme ayudado desde el comienzo de este trabajo, que comenzó ya hace varios años. Gracias por el tiempo que dedicaste en escuchar e interpretar mis ideas y el propósito al cual quería llegar, por corregir varias veces los apuntes, por leer las páginas escritas y por compartir tus opiniones.

Gracias a mis compañeros de seminario, quienes, sin darse cuenta, fueron más que compañeros y me brindaron elementos inolvidables para la formación de lo que hoy soy.

Gracias a todas aquellas personas que me han estado apoyando en oración, gracias a cada hermano y hermana de las congregaciones en donde pudimos ministrar, en especial a la congregación de Puán, en donde desarrollamos un ministerio más amplio; muchos de los conceptos vertidos en este libro fueron experimentados allí.

Pero, por sobre todas las cosas, quiero agradecer profundamente a Dios por su paciencia conmigo, por su misericordia, por fortalecerme en todo momento y porque nunca apartó su abundante gracia de mi vida. Gracias a Jesucristo por darme el regalo de la vida eterna y gracias al Espíritu Santo por conducirme a Cristo, por ser mi guía a toda verdad.

Traté de poner lo mejor de mí en este trabajo, porque considero que Dios se merece lo mejor. Y es a él a quien quiero retribuir toda la gloria, ahora y siempre.

1
¿Creemos que "solo Cristo" Salva?

LA IGLESIA EVANGÉLICA LATINOAMERICANA SE ENcuentra en una encrucijada difícil de resolver, aunque no imposible. Entre muchas sectas y falsas religiones que llegaron a nuestros países, también se encuentra catalogada como secta la iglesia evangélica. Aún más, ahora luego de la declaración del Vaticano, como un documento infalible de que la Iglesia Católica Apostólica Romana es la única iglesia verdadera, la pregunta "¿somos una secta también nosotros?", sin duda alguna tendrá como respuesta un rotundo ¡NO! Pero para que podamos responder con mayor sinceridad a la misma, quizá nos ayude el reflexionar sobre la siguiente declaración: "La falsa religión no se identifica con las religiones históricas particulares, sino con los intentos de autosalvación que se dan en toda religión, incluso en el cristianismo evangélico".[1]

[1] Comentario escuchado en un aula del Instituto Bíblico Buenos Aires (Buenos Aires, Argentina).

Algún lector podrá preguntarse ¿autosalvación en el cristianismo evangélico?... ¡Imposible!, ya que nosotros creemos que la salvación es por medio de la fe en Jesucristo. Teóricamente esto es así, pero, en la práctica, ¿qué ocurre? El propósito de este libro, básicamente, es invitar al lector a reflexionar si es tan cierto que creemos en la salvación por la sola fe en Jesucristo, o si realmente hay algo en nosotros de autosalvación o de pretensión de colaborar con Dios. La propuesta a pensar es la siguiente: "Buena parte de los cristianos evangélicos, en la práctica, dependen de una autosalvación, o de salvación compartida, lo que los lleva a recurrir a ciertos 'agregados' que le añaden a su fe en Cristo. En mi corta experiencia he notado que este problema radica no sólo en la Argentina, sino también en otros países latinoamericanos y los Estados Unidos, y no solamente con cristianos de trasfondo latino, sino también con cristianos de trasfondo anglosajón, así como con aquellos de otros países orientales. En breve, es un mal que aqueja, en mi humilde opinión, a todo cristiano.

Por mi parte, como anticipo a algún malentendido, quiero afirmar aquí al lector lo que luego demostraré: que la salvación es pura y exclusivamente obra de Dios por medio de su Hijo Jesucristo, la cual él nos ofrece gratuitamente. Desde lo más profundo de mi corazón deseo que estas páginas puedan brindar un bálsamo, un consuelo y un alivio a miles de personas atribuladas y esclavizadas a un sistema de autosalvación por medio de "agregados" a la fe; y creo que esto ocurrirá así, ya que, en especial en el último tramo de la terminación de este material, personalmente y aun mi familia, nos hemos visto atacados de diversas maneras por el enemigo de nuestras almas.

Muchos son los "agregados" que se pretenden añadir a la sola fe en Cristo para nuestra salvación, pero en este trabajo me concentraré en un grupo más relevante o representativo. El libro está dividido en tres grandes partes, con sus respectivos capítulos. En la primera parte, presento los seis "agregados" más comunes que he de analizar: las experiencias místicas, la religiosidad, la doctrina, la moralidad, el intelecto y la relación horizontal, es decir, el compromiso del ser humano con el ser humano. El objetivo en esta sección del libro es presentar el problema, sus orígenes, las causas y algunas de las posibles consecuencias en la vida de una persona por añadir estos "agregados" a su fe en Cristo. Al hablar de autosalvación, no estoy queriendo decir que los evangélicos creemos en la salvación por obras exclusivamente, sino que, aunque admitimos la salvación por medio de la sola fe en Cristo, no estamos totalmente convencidos de que así es y, por ende, agregamos ciertos elementos para "colaborar" con Dios. Esto es realizado básicamente en forma inconsciente. Es decir, que hay una aprehensión parcial del evangelio de Cristo. Pareciera que no confiamos que Jesús ya pagó todo por nuestros pecados y que ya compró para nosotros un lugar en su reino. Al no confiar plenamente, como consecuencia, pretendemos hacer nuestra parte. Los seis elementos que presento aquí no son los únicos, pero luego de dialogar, investigar y observar, me parece que son los más comunes y representativos en este intento de "colaborar" con Dios. Por otro lado, al presentar a estos seis, el lector tendrá las herramientas suficientes para analizar si en su propia experiencia hay algún otro tipo de "agregado".

En la segunda parte del libro presento, desde la óptica bíblica, la suficiencia de Cristo para salvarnos por medio de la sola fe en él. En esta sección analizo la situación del ser humano y los distintos caminos posibles para la salvación. Luego examino lo que Jesús hizo y los resultados de su obra: la justificación, la reconciliación y la regeneración. Finalmente, en esta parte presento los beneficios que el ser humano obtiene al depositar toda su fe en la obra de Cristo.

Esta segunda sección del libro es clave, se podría decir que es el corazón de mi propuesta, ya que aquí encontrará el lector las bases bíblicas para sostener que la salvación del ser humano se da únicamente cuando éste confía en Cristo, lo que produce como resultado el nuevo nacimiento, según lo presenta Jesús en Juan 3.5.

Vale decir aquí que la regeneración, o el nuevo nacimiento, o esa paz que Dios depositó en nosotros, nos permite vivir lo que planteo en la tercera división del libro. Dios nos creó, a diferencia de otros seres, con ciertas aptitudes o capacidades, intelecto, sentimientos, moralidad, etc., y como humanos y cristianos no podemos vivir divorciados de estas aptitudes, como tampoco podemos vivir separados de la religión, ni de la doctrina ni de nuestra responsabilidad con nuestro prójimo.

Por lo tanto, viviendo en una genuina regeneración, el Espíritu Santo ubica en su lugar correcto todo aquello que al principio planteo como posibles "agregados" a la salvación. Soy consciente de que en un mundo posmoderno y en medio de una proliferación de literatura de poco contenido sólido en el ambiente cristiano, no son muchos los que querrán leer un libro que no apunte a 10, 12 o 15 pasos prácticos para ser feliz o para prosperar económicamente. Pero sí estoy convencido de que una buena comprensión de nuestra fe en Cristo y de lo que él hizo por nosotros en la cruz es la base de una vida feliz y próspera.

Finalmente, en forma de apéndices, presento un breve estudio acerca de las obras como muestra de nuestra fe y unos pasos prácticos para conocer personalmente a Jesús y crecer en esa fe. Concluyo diciendo que Jesucristo es quien nos redime y la fe que recibimos de él nos permite ubicar cada uno de los "agregados", presentados en la primera parte del libro, en su lugar correcto. Esa misma fe que recibimos de Jesucristo para nuestra salvación es la que produce en nosotros las obras genuinas como demostración de la auténtica fe que hemos recibido de Dios.

El lector podrá plantearse muchas preguntas, y, sin duda alguna, muchas no serán contestadas en este libro. De hecho, al final de cada capítulo planteo algunos interrogantes para la reflexión y el autoanálisis. Pero más allá de que este libro sirva para una simple reflexión, mi intención es que usted, amigo lector, pueda aceptar el desafío expuesto, que pueda realizar un autoanálisis y comprobar si no hay algún "agregado" que ha adoptado para su salvación. Mi deseo y oración es que muchas personas puedan ser bendecidas por Dios por medio de este humilde aporte, que muchos puedan hallar descanso para sus vidas, y que el gozo de la salvación sea renovado en cada corazón, porque, como bien dice el autor de la carta a los Hebreos, aún queda un reposo para el pueblo de Dios. Y el que ha entrado en el reposo de Dios, también reposará de sus obras meritorias, como Dios reposó de las suyas en el séptimo día de la creación (Heb. 4.9-10). De modo que lo invito a leer este libro y a entrar en ese reposo. Ruego a Dios que, al hacerlo, el Espíritu Santo pueda hablar en la intimidad de su corazón y pueda experimentar esa libertad de la cual Jesús tanto habló y enseñó.

Verdades

A veces me parece que sólo nos quedarán
verdades migratorias
pasajeras como aves
sobre el horizonte escaso
donde el hombre lucha y pasa.
Como si abigarradas formaran una carpeta
de verdades Oficiales:
verdades convencionales
relativas
eventuales
verdades verificables
tautológicas
falseables
verdad absoluta y grave
verdades universales
monolíticas verdades
verdades llenas de moho
perennes y respetables.
¿No es hora de abrirle paso
a alguna verdad pequeña?
verdades toscas y tibias
y ocultas como guijarros,
pequeñas verdades de nadie.
Inexpresables, veraces.
*Silenciosas como el foco de una calle.**

---

* Elsie R. de Powell, César Abreu-Volmar y otros, Poesía y Vida, Buenos Aires, Certeza, 1979.

Primera Parte
Algunas opciones falsas

No se amolden al mundo actual, sino sean transformados mediante la renovación de su mente. Así podrán comprobar cuál es la voluntad de Dios, buena, agradable y perfecta (Romanos 12.2, NVI)

LA FE CRISTIANA Y LA FE DE LOS CRISTIANOS SUELE no ser lo mismo. Lo expresaré de la siguiente manera: El evangelio de Cristo y el evangelio que los cristianos profesamos suele contradecirse con frecuencia. La diferencia básica es que los cristianos no responden a una fe completa frente a lo que Cristo ya hizo, y se vuelcan a distintos "agregados", que son otros recursos para lograr o "colaborar" con su salvación. A diferencia de este tipo de fe cristiana profesante, el evangelio de Cristo está completo, ya todo fue pagado en la cruz del Calvario.

Por lo tanto, estoy empeñado en el presente libro en analizar reflexivamente las distintas desviaciones o "agregados" a la fe. La finalidad es que consideremos lo que implica la fe cristiana, respecto a la suficiencia de Cristo, para aquellos que un día respondieron a su invitación de creerle y seguirlo.

El problema, quizá, radica en que muchos cristianos se han conformado a este siglo, han aceptado las distintas alternativas que el enemigo de todos los tiempos (Satanás) ha ofrecido a los seres humanos, especialmente a los cristianos, por medio de una filosofía de vida en la cual los agregados, las desviaciones y la incredulidad vienen a ser el pan de cada día.

¿A qué apuntaba Pablo cuando exhortó a los romanos a no conformarse a este siglo y a transformarse por medio de la renovación del entendimiento? No hace falta que hagamos un profundo estudio de esta carta paulina para darnos cuenta de que el tema central tratado es la salvación por medio de la sola fe en Jesucristo. Por lo tanto, ese llamado a una rendición total que encontramos en el capítulo doce está muy ligado al tema central. Es más, todo lo que se describe a partir del versículo tres no tendría una plena manifestación en la práctica, si los cristianos nos resistimos a ser renovados por el Espíritu Santo en nuestro entendimiento, para no conformarnos al mundo actual en que vivimos, el cual nos empuja a no creer solamente en Jesucristo, sino en otros elementos o "agregados" para nuestra salvación.

A través de la historia del cristianismo, el evangelio de Cristo ha sido objeto del agregado de una cantidad infinita de elementos que terminaron reemplazando al original, y que hoy en día se manifiestan en su máxima potencia. Algunos de esos elementos por los cuales la fe es desviada de Cristo los veremos en las siguientes páginas.

2
Las experiencias místicas

ALGUIEN CIERTA VEZ DIJO QUE SI UNA PERSONA habla con Dios, es un fanático, y si Dios habla con esa persona, es un delirante. En otras palabras, es muy difícil conformar al que realmente no quiere creer. Lo cierto es que la vida cristiana, o la experiencia de salvación, y el caminar como una persona salva, sin duda alguna, son una exeriencia mística, ya que no podemos negar que un ser superior está habitando en nuestra finitud. Pero también es cierto que en nombre de la "experiencia" se han transmitido enseñanzas confusas que denigraron la verdadera experiencia mística.

Cabe aclarar que las experiencias místicas se dan en todas las religiones, por lo tanto, debe saberse que puede haber experiencias místicas correctas e incorrectas, verdaderas o falsas. Por lo tanto, amigo lector, sea usted un verdadero cristiano o no, no puede negar que de una u otra manera ha tenido ciertas experiencias místicas.

En este capítulo, la propuesta es presentar algunas de las

falsas concepciones del misticismo así como también los aciertos, y establecer algunas bases para que, posteriormente, cuando hablemos acerca del lugar correcto de la experiencia mística, podamos tener los elementos comparativos para tomar una acertada decisión para nuestras propias vidas.

Cierta vez a un niño le preguntaron qué era lo primero que tenía que hacer para bajar de un árbol. Éste, con toda la inocencia de un niño, contestó: "Subir". Pues bien, antes de hablar de las causas y de las consecuencias de las experiencias místicas, es bueno que sepamos cuál es su significado y en dónde se originan. Según los diccionarios, es casi imposible separar el misticismo del éxtasis, por lo tanto, presentaré ambos significados.

Royston Pike, en su Diccionario de religiones dice:

> *Llámese éxtasis al estado de arrobamiento propio de la experiencia mística y del trance profético, en el cual el alma parece "salirse" del cuerpo. La palabra griega original ékstasis tenía el sentido peyorativo de 'locura' o 'aturdimiento', y sólo más tarde adquirió un significado religioso.*[1]

Por otro lado, Franz König, define la palabra éxtasis diciendo:

> *En el sentido original, éxtasis significa, pues, el hecho de ser elevado por encima del estado normal de conciencia por el efecto de una ocupación sobrenatural del espíritu. A menudo se encuentra asociada con esta idea la de que el alma es sacada del cuerpo y transportada a otro lugar.*[2]

A su vez, S. G. Brandon, en su Diccionario de las religiones comparadas, dice: el "éxtasis es un término griego que designa una situación en que el individuo queda como fuera de sí mismo y que era bien conocida en el culto de Dionisio".[3]

---

[1] Royston Pike, Diccionario de religiones, México, Fondo de Cultura Económico, 1960, p. 185.
[2] Franz König, Diccionario de las religiones, Madrid, Herder, Tomo I, 1964, p. 513.

Finalmente, la Real Academia Española define esta palabra como:

- Estado del alma enteramente embargada por un sentimiento de admiración, alegría, etc.
- Según concepto teológico, "es el estado del alma caracterizado interiormente por cierta unión mística con Dios mediante la contemplación y el amor, y exteriormente por la suspensión mayor o menor del ejercicio de los sentidos". [4]

Como podemos ver, las coincidencias son abrumadoras en cuanto a ideas de trance, pérdida de control del individuo o suspensión mayor. Veamos, por otro lado, el significado del término misticismo, el cual nos dará aportes significativos para la comprensión de este asunto.

Desde que el término "mística" o "misticismo" entró en el lenguaje general de los pueblos, ha recibido los más diversos significados. Éstos coinciden, casi en su totalidad, con el significado fundamental de una experiencia religiosa interna, extraordinaria y suprarracional. Su plenitud se extiende, en el aspecto psicológico, desde el conocimiento intuitivo y cargado de afectividad hasta el éxtasis. En el campo metafísico, desde una explicación dualista del universo hasta una monista. He aquí algunas definiciones.

Heinrich Fries, en su libro Conceptos fundamentales de la teología dice que la "mística deriva del adjetivo griego mystìcos que hace referencia a los verbos myō (cerrar ojos y boca para enterarse de un secreto y no divulgarlo) y myeō (inclinarse a los misterios)". [5]

---

[3] S. G. F. Brandon, Diccionario de las religiones comparadas, Madrid, Cristiandad, 1970, p. 630.
[4] Real Academia Española, Diccionario de la lengua española. Madrid, 1970, p. 599
[5] Heinrich Fries, Conceptos fundamentales de la teología, Tomo II, Madrid, Cristiandad, 1973, p. 76.

Por otro lado, Franz König dice:

> En la lengua moderna "mística" se ha convertido en un término usado de un modo más vago y expresivo de fenómenos muy heterogéneos. En las ciencias de las religiones significa, en su uso estricto, vivencias especiales que rebalsan la conciencia normal y los conocimientos racionales, relativas a una unión ya dada o realizada en lo más íntimo del alma, con el fundamento supraempírico de toda realidad. La posibilidad de delimitar así y hasta cierto punto el concepto, no debe entenderse en el sentido de que todos los fenómenos que entran en su definición sean sólo variantes de un fenómeno esencialmente idéntico. [6]

Por su parte, Brandon cita a Evelyn Underhill, reconocida autoridad en este tema, quien define a la mística como "el nombre del proceso orgánico que implica la perfecta consumación del amor de Dios, el logro, aquí y ahora, de la herencia inmortal del hombre". [7]

Finalmente, haciendo uso del diccionario de la Real Academia Española, el término misticismo proviene del griego mystìcus y tiene tres acepciones:

- Estado de la persona que se dedica mucho a Dios o a las cosas espirituales.
- Estado extraordinario de perfección religiosa que consiste, esencialmente, en cierta unión inefable del alma con Dios por medio del amor, y que va acompañado accidentalmente del éxtasis y de revelaciones.

---
[6] König, op. cit., p. 901.
[7] Brandon, op. cit., p. 1030.

- Doctrina religiosa y filosófica que enseña la comunicación inmediata directa entre el hombre y la divinidad, en la visión intuitiva o en el éxtasis.[8]

Quizá otro término que pueda ayudarnos a entender mejor esta cuestión sea el de "fenomenología". Expertos en el tema dicen que la fenomenología de la religión no es la descripción empírica de los datos externos que atañen a la vida religiosa (actos de culto, tipología de la oración, ritos, sacrificios, liturgias, etc.). Todo esto es objeto de la ciencia de la religión (historia, sociología, psicología, etc.). Tampoco es una metafísica del fundamento último de la religión (lo divino en sí, la existencia y la naturaleza de Dios, la relación ontológica entre criatura y creador, etc.). Todo esto, dicen los expertos, no es propiamente objeto de la fenomenología de la religión, sino que es la descripción pura del significado del fenómeno religioso, vivido en la conciencia humana. En otras palabras, la fenomenología quiere penetrar en la estructura inteligible del fenómeno religioso (oración, adoración, contemplación, sacrificio, culto, rito, etc.), tal como es asumida por la subjetividad del investigador y participada intersubjetivamente por la comunidad.

Las estructuras inteligibles que hemos mencionado están también condicionadas histórica y culturalmente, pero trascienden esos mismos condicionamientos, básicamente por las siguientes dos razones:

1. Son invariables, en cierto modo, frente a las circunstancias temporales y locales.
2. Son vividas interior y existencialmente y no sólo descritas desde afuera, como meros sucesos factuales. Así, por ejemplo, Pacomino, en su diccionario teológico, dice que

[8] Real Academia Española, op. cit., p. 883

la actitud de temor y fascinación ante lo tremendum y lo numinosum, se encuentra en toda experiencia religiosa, entendiendo como relación vívida del hombre con el ganz anders (totalmente otro) que trasciende al yo y al mundo.[9]

Es interesante notar la interrelación que existe entre estos tres conceptos: éxtasis, misticismo y fenomenología. "Éxtasis" es un salirse de sí mismo o "elevarse por encima de", mientras que "misticismo" es una vivencia especial, una unión inefable de amor con Dios, lo cual trae como consecuencia la consumación del amor de Dios, el logro aquí y ahora de la herencia inmortal del hombre; en otras palabras, la herencia de la vida eterna. La "fenomenología" de la religión, por su parte, se trata de los distintos tipos de estructuras subjetivas para llegar a un fin.

Uno de los factores o elementos que entran en juego aquí son los sentimientos. El concepto de un éxtasis místico fue creación del neoplatonismo. Según el filósofo Plotino, al extremo del camino de la interiorización y simplificación del alma no hay un puro y completo estar consigo, sino un asentar el pie en lo divino. Él habla que nuestro acercamiento al Uno (así lo define a Dios) es por medio del arte, el amor y la música. Lo triste de su teoría es que él solamente pudo estar en dos o tres oportunidades, por medio del éxtasis, en contacto con el "Uno". Luego de esos éxtasis su alma quedaba nuevamente vacía. Lo maravilloso, por el otro lado, es que nosotros tenemos la oportunidad de vivir, por medio de Jesús, en una constante comunión con el Creador.

En la historia de las religiones, el neoplatonismo representa un intento de llevar a cabo la síntesis de diversas tradiciones filosóficas vigentes en el mundo helenístico, con el objetivo de satisfacer las necesidades religiosas e intelectuales de la sociedad grecorromana en el ocaso de la civilización clásica. Entre los

---

[9] L. A. Pacominno y otros, Diccionario teológico interdisciplinar, Tomo II, Madrid, Cristiandad, p. 547.

Las experiencias místicas | 27

principales portavoces se encontraban Plotino (205-269 d.c.), Porfirio (232-303 d.c.) y Yámblico (250-330 d.C.). Estos filósofos trataron de elaborar un pensamiento que resultara intelectualmente coherente y espiritualmente satisfactorio. Dieron por sentado el principio de que el hombre es capaz de trascender los límites de su propia personalidad para entrar en contacto con el "Absoluto", el "Uno", según Plotino. Esta concepción de ascenso del alma era de carácter eminentemente místico e implicaba el éxtasis. El neoplatonismo fue un reflejo del deseo, muy difundido en aquella época, de alcanzar la emancipación espiritual, que también se advierte en el gnosticismo, las religiones místicas y el cristianismo.[10] Hoy en día vemos estos mismos principios y deseos desarrollados y ofrecidos a través de la Nueva Era (New Age), este nuevo estilo de hacer religión en donde todo es aceptable y todas las personas tienen cabida para desarrollar su propia filosofía religiosa.

El neoplatonismo se mostró generalmente enemigo del cristianismo, pero ejerció un considerable influjo en nuestros pensadores cristianos. El misticismo cristiano puede remontarse hasta el pseudo Dionisio Areopagita a fines del siglo V. Para los místicos cristianos de Occidente, la palabra "éxtasis" y sus sinónimos conservan su sentido dilatado. En la descripción y explicación de las más altas iluminaciones místicas, los teólogos cristianos hacen uso de los elementos de la concepción neoplatónica del éxtasis. Franz König expresa que, según san Agustín, el alma se siente elevada por encima de sí misma cuando Dios, con una especial participación de luz, le otorga la visión de su ser. El arrebatamiento fuera del plano de la conciencia sensible es un presupuesto de la inmediata intuición de Dios, que por necesidad ha de ser puramente espiritual. [11]

Entre los grandes místicos de la iglesia católico romana están santa Teresa y san Juan de la Cruz. Hubo otros, los cuales fueron con-

[10] Brandom, op. cit., p. 1089.
[11] König, op. cit., p. 513.

denados por las autoridades eclesiásticas. Estos dos distinguen las siguientes formas de contemplación mística:

- La oración de recogimiento consiste en un sentimiento íntimo y pasivo de ser atraído hacia Dios en que el alma siente a Dios como un fin definitivo y completo, y halla en él descanso de todo afán dirigido hacia afuera.
- En el estado de la simple unión, Dios es sentido presente en lo más íntimo del alma (en su sustancia). Dios penetra el alma como desde dentro y la ilumina para una nueva y divina manera de experimentar su presencia.
- El estado de la unión perfecta (llamado también del matrimonio espiritual) se caracteriza por una transformación sobrenatural que ocurre en lo más íntimo. La unión con Dios se hace habitual.

Según esta doctrina, en las experiencias místicas entran, además, las purificaciones pasivas (llamada también noche de los sentidos y noche del alma),[12] que prosiguen y completan la obra de purificación ascética activa. Aquellas limpian hasta las raíces la naturaleza caída de todas sus faltas y de su indocilidad frente a la gracia divina.

En el protestantismo, los seekers y los cuáqueros eran esencialmente místicos. En general, se cuenta a Swedenborg entre los místicos más populares, pero otros que han convertido su experiencia en un sistema filosófico fueron Paracelso, Bruno, Campanella y Böhme. En años recientes, los psicólogos e historiadores han seguido las huellas de William James, mostrando un gran interés por su misticismo. En contra de lo que pudiera pensarse, en el siglo XIX el misticismo no ha desaparecido, y se ha llegado a decir, a fines del siglo XX, que la religión del porvenir sería una

[12] Ibíd., pp. 914-915.

combinación del misticismo con la ética cristiana. [13] De más está decir que aquellos que vivimos en estos tiempos del siglo XXI, vemos que este vaticinio se está cumpliendo en este nuevo movimiento religioso/filosófico denominado Nueva Era. Para resumir, entonces, los elementos esenciales de esta corriente mística son: la pasividad completa del alma en presencia de lo divino, la meditación concentrada, la absorción de las cosas del espíritu y la receptividad tranquila. Todo esto se encuentra en las experiencias neoplatónicas de la antigua Alejandría, en los santos del hinduismo, en los sufíes del Islam y en todas las comunidades cristianas, desde los romanistas hasta los cuáqueros y swedenborgianos. Todos han sentido un gran "fuego" y un "intenso gozo", han tenido la impresión de estar unidos a todo lo que existe y al "Uno", a quien Plotino define como el que es todo en todo.

Impacto del misticismo en América latina

Ahora bien, Latinoamérica, en especial Argentina, ha recibido y digerido muchísimo de Europa, y, junto con su independencia y conquista, han llegado todas estas corrientes. Su proceso de independización debe comprenderse a partir de la óptica de quienes lo gestaron. Para ellos, independizarse significaba únicamente la ruptura con España. España era la barbarie. Librarse de ella significaba entrar en el progreso; pero no fue un progreso gestado en torno de las posibilidades del país, sino otro, gestado y trasplantado por los utopistas del momento. Inglaterra y Francia ("la Europa") fueron modelos a seguir, y la ruptura con España significó, en realidad, una violenta adhesión a ellos. Inglaterra como modelo económico y Francia como modelo cultural. Con el transcurso del tiempo, Inglaterra perdió su influencia sobre el

[13] Pike, op. cit., pp. 319

país y la dependencia, en ese mismo sentido económico, se trasladó a los Estados Unidos. Pero Francia mantuvo siempre, y lo mantiene hasta el día de hoy inclusive, su carácter de modelo cultural de las clases dominantes que el pueblo imita. Por otro lado, todo el sentimentalismo y el melancolismo argentino, conocido por todo el mundo, todavía siguen en vigencia en nuestro país. Tenemos una gran cantidad de inmigrantes italianos, que son más sentimentales que los anglosajones, y se manejan con mayor frecuencia con los sentimientos y con lo que dicta su corazón, y no tanto con la cabeza.

Al hablar de evangelización en la Argentina, tenemos que trasladarnos a los Estados Unidos como padre de las misiones. Entre las tantas denominaciones o corrientes teológicas que penetraron en nuestro país, llegaron también aquellas que hacen fuerte hincapié en experiencias posconversión; de las cuales uno de los más destacadas es el "bautismo en el Espíritu". No es mi propósito cuestionar aquí esto como hecho en sí, lo que quisiera rescatar es el motivo y la intención que hay detrás de todo. Sigue a esto el surgimiento de los dones carismáticos, en especial la glosolalia (don de lenguas).

No niego la existencia de tales dones, lo que sí quisiera hacer es una observación a la mala administración de ellos. A veces, a partir de allí, se comienza la negación de la racionalidad, puesto que los creyentes comienzan a guiarse, en primer lugar, por lo que sienten en sus corazones y no por lo que dicta la Palabra. Las profecías, las visiones, las lenguas, los sentimientos, el fuego son atribuidos al Espíritu Santo como algo necesario para la salvación, y en casos extremos se ha llegado a decir que los que no tienen esas experiencias no tienen al Espíritu Santo y, por ende, no son cristianos. Creo que aquí es importante hacer una aclaración. Personalmente creo que todos los dones del Nuevo Testamento están para ser usados en la Iglesia de hoy, pero no creo que todos los cristianos deben tener todos o los mismos dones. Sí creo que el Espíritu Santo reparte cómo, cuándo y a quién él quiere. Mi intención aquí es simplemente aclarar las cosas. Yo no recibo dones para demostrar que soy cristiano, sino que recibo dones porque soy cristiano, y la ausencia o abundancia de ellos no niega la realidad de lo que soy en Cristo. Si analizamos bien el éxtasis, el misticismo y la fenomenología, y todo este tipo de corrientes teológicas que enfatizan las experiencias posconversión como garantía de salvación, notaremos que muchas veces están basadas más sobre las emociones que sobre la Palabra de Dios. No estoy diciendo que los sentimientos sean malos, pues es algo que el Creador nos ha dado, sino cómo y para qué los utilizamos. Los sentimientos, el gran fuego o el intenso gozo pueden ser partes esenciales en estas experiencias. Y esto nos lleva a preguntarnos, si no hay nada de eso, ¿qué? Aquí tenemos el primer elemento de desviación de la suficiencia de Cristo, creer que las experiencias místicas causadas por las emociones son necesarias para nuestra salvación. Esto trae como consecuencia dos cosas: en primer lugar el sentimiento en lugar del "creo" y, en segundo, el sentimiento en lugar de la verdad o la realidad.

"Siento" en lugar de "creo"

Es enorme la cantidad de veces que nos encontramos con creyentes que nos dicen "siento que Dios quiere que haga esto o aquello". También encontramos a otros creyentes que quieren sentir la presencia de Dios a través de las canciones, y esto muchas veces es algo egoísta. Por ejemplo, una vieja canción que el pueblo evangélico cantaba, y que en algunos lugares aún se canta, comienza diciendo: "Me hace bien cada vez que me encuentro y canto con el pueblo de Cristo". Esta letra satisface más bien una faceta de nuestra vida y no la de otros. Es bueno, pero a veces deberíamos preguntarnos ¿le hace bien a Dios? El fin de la alabanza y de la adoración no es que nos sintamos bien nosotros, sino alabar y adorar a Dios, al creador de todo, quien se merece todo lo que podamos darle. Por eso lo llamamos "alabanza".

Una religión que no puede decir "el mismo Dios está aquí presente", aunque no lo sienta, se convierte en un sistema de reglas místicas religiosas, a pesar de que éstas surjan originalmente de fuentes reveladoras. Cuando intentamos alcanzar la comunión de nuestro espíritu con el de Dios por medio de ejercicios corporales o mentales, se hace evidente la autosalvación. Lo triste y lamentable es que después de los momentos de éxtasis siguen los largos períodos de "sequedad del alma", y los creyentes nuevamente comienzan a dudar de su salvación y de la obra de Dios en sus vidas, pues dependen de una fe en el sentir y no en la revelación de Dios en su Palabra. Hoy en día nos encontramos con muchos creyentes que han sido derribados por el Espíritu Santo, pero que no han sido transformados. Dios no solamente quiere derribarnos en cada encuentro, sino que desea profundamente trasformarnos cada día a la imagen de su Hijo Jesucristo (2 Co. 3.18).

Cuando hablamos con creyentes que quieren servir a Dios de una manera especial y se les pregunta por qué lo hacen, es común escuchar respuestas como: "Sentí que el Señor quiere que lo sirva" o "Sentí a través de un sueño o revelación que Dios me hablaba...". Cuando se trata de la vida ética cristiana, nos encontramos con cristianos que nos dicen: "Siento del Señor que debo perdonar a mi hermano", o "Sentí del Señor que debía venir al culto hoy", o "Sentí del Señor que no debía enojarme". Y cuando se trata de la salvación nos encontramos con frases como: "Cuando yo acepté al Señor sentí un gran gozo, era como un fuego que pasaba por todo mi cuerpo y sentí que mis pecados fueron perdonados", o "Sentí que Dios me amaba y que era su hijo/a".

En casi todos los casos, el "siento" ocupa el lugar del "creo". Es más, me atrevería a decir que se ejerce más fe en los sentimientos que en Cristo y su obra. Muchos cristianos hoy en día practican una religión egocéntrica, más que cristocéntrica. ¿Acaso nuestra conducta, lo que Dios quiere y lo que no quiere que hagamos, no está descrita claramente en su Palabra y es cuestión únicamente de creerle? (Jn. 14.15-24). ¿Acaso nuestro servicio a Dios no es la fe expresada en la obediencia de un mandato que él ha dado a sus discípulos, de apropiarnos de su autoridad y de ir a evangelizar y enseñar a todas las naciones, entre otras cosas? (Mt. 28.18-20). ¿Acaso perdonar a nuestro hermano o prójimo no es un mandato para cumplirlo haya o no sentimientos? (Col. 3.13; Mt. 6.12). ¿Acaso el reunirse con nuestros hermanos y hermanas en un determinado lugar no es parte del evangelio de Cristo? (Heb. 10.25). ¿Acaso mis pecados no son perdonados, si me arrepiento y los confieso delante del Señor, aunque no sienta nada? ¡Claro que sí! Su Palabra nos dice que "si confesamos nuestros pecados, Dios, que es fiel y justo, nos los perdonará y nos limpiará de toda maldad" (1 Jn. 1.9, NVI). No es necesario sentirlo para que se haga realidad. Por otro lado, Jesús nos dijo que "el que cree tiene vida eterna (NVI)" (Jn. 6.47). No dijo "el que sienta que yo lo amo, y el que sienta que sus pecados le son perdonados tendrá vida eterna". La base está en el creer, y creer es una actitud básicamente racional. Los sentimientos o emociones deben ser consecuencias de un entendimiento intelectual.

El "sentimiento" en lugar de la "verdad o realidad"

Es similar al contenido del título anterior, pero va un poco más allá del "creo"; es consecuencia del mismo. Encontramos en varias ocasiones expresiones como "Siento que tengo la seguridad de la vida eterna" o "Siento que soy un hijo/a de Dios", etcétera. Cuando, si creemos en lo que hizo Cristo por nosotros, la verdad y la realidad es que ya tenemos vida eterna. Se trata de creer solamente en la verdad, porque solo ésta es real; y la verdad es Jesucristo y lo que él reveló. La verdad no está determinada por nuestros sentimientos, sino por lo que Dios es y revela como verdad.

Notemos lo que nos dice 1 Juan 5.13: "Les escribo estas cosas a ustedes que creen en el nombre del Hijo de Dios, para que sepan que tienen vida eterna" (NVI). Al no creerle a Dios, lo estamos haciendo un mentiroso. Más adelante analizaremos detalladamente lo que significa creer. Por el momento, quiero destacar dos cosas importantes del pasaje citado: primero, para tener vida eterna hay que creer y no sentir, y, segundo, los que creen en el Hijo de Dios pueden saber que tienen vida eterna. Y saber que se tiene vida eterna debe conducirnos a creer más en el Hijo de Dios. De modo que la fe es como un círculo recurrente.

Vale la pena, entonces preguntarnos si nuestro amigo Royston Pike no estuvo muy equivocado al comentar que el sentimiento ha llevado a decir que la religión del futuro será una combinación de misticismo y ética cristiana. También es pertinente preguntarnos ¿cuántos cristianos hay que están enfermos emocional y espiritualmente, sólo por estar guiándose por los sentimientos? Por un lado, es comprensible, si recordamos las influencias europeas; además, estamos muy inducidos por la filosofía de vida del mundo que nos propone "hacer lo que dicta nuestro corazón" o "hacer lo que sintamos que sea correcto". No nos equivoquemos, la Biblia dice: "Nada hay tan engañoso como el corazón. No tiene remedio. ¿Quién puede comprenderlo?" (Jer. 17.9, NVI). Confiar en nuestros sentimientos es engañarnos a nosotros mismos. Debemos estar muy alertas, ya que este tipo de filosofía también ha invadido la iglesia evangélica.

Algunos "evangelistas" y los que canalizan artificialmente las propias posibilidades emocionales hacia una experiencia de conversión y santificación, por lo general, dan lugar a la autosalvación emocional. Sabemos claramente que el encuentro personal con Dios y la unión completa con él constituye el corazón de toda auténtica religión. Presupone la presencia de un poder sobrenatural que transforma; pero cuando uno quiere consumar una transformación en el interior de uno mismo, se distorsionan las emociones. Todo lo que nosotros imponemos o nos imponen en nuestra vida espiritual, si no es obra del Espíritu Santo, es superficial y artificial, y, por lo tanto, suscita congoja, tristeza, fanatismo y desequilibrios. De esta manera se hace presente el fracaso final que experimenta la autosalvación por medio de las experiencias místicas. Hoy en día muchas religiones nos hablan de que la meta de todo ser humano es fusionarse con Dios, pero la Biblia no nos llama a fusionarnos con Dios, sino a tener comunión con Dios. Dios no quiere que perdamos nuestra personalidad, quiere que tengamos una relación de intimidad y amor con él.

Nosotros fuimos llamados a vivir una vida de contracorriente, o contracultura. La filosofía de Dios es distinta de la del mundo, y nosotros tenemos que tratar de vivir dentro de la filosofía o de los valores del reino de Dios. Recordemos a Pablo, cuando escribió a los romanos, él advirtió que no nos conformemos a este siglo; por lo tanto, en honor a esa verdad, no nos conformemos a toda esta corriente de sentimentalismo y melancolismo que nos quiere apartar del "creer" solamente en Cristo, de la verdad y de la realidad, sino que renovemos nuestros entendimientos para comprobar cuál es la voluntad de Dios, buena, agradable y perfecta, y de esa manera volvernos a Dios y vivir el evangelio de Cristo, el cual está completo.

Dios nos desafía a creer, aunque nuestras emociones no respondan inmediatamente. Nos desafía a guiarnos por lo que él dice y no por lo que dice nuestro corazón. Nos desafía a creer sólo en él y no en nuestros sentimientos. Aceptar este desafío es parte esencial para alcanzar la madurez espiritual. ¿Es esto lo que desea, amigo lector? Si su respuesta es sí, entonces, ¡adelante!

Preguntas para el estudio y la discusión

1. ¿Cómo definiríamos una secta? Nombrar algunas características.

2. Sobre la base de la descripción anterior, ¿qué características tiene la iglesia evangélica que pueden asemejarse a las de una secta?

3. ¿Qué entendemos por "'agregados' que nos desvían de la verdadera fe"? Nombrar los que propone el autor y otros que usted crea que existen.

4. Con sus propias palabras, dé una definición de éxtasis.

5. Con sus propias palabras, dé una definición de misticismo.

6. Con sus propias palabras, dé una definición de fenomenología de la religión.

7. ¿Qué correlación existe entre los tres términos anteriores? Resuma brevemente.

8. Nombre algunos de los grandes místicos de la iglesia católico romana y del protestantismo.

9. ¿Cuáles son algunos de los elementos esenciales de la corriente del misticismo?

10. Nombre algunas frases que ha escuchado con relación al "siento". Luego analice esas frases y vea si no tienen elementos de autosalvación incorporados.

Actividades de aplicación

1. ¿Cree que en un culto o reunión se debe sentir la presencia de Dios para creer que ha estado? Si su respuesta es sí, ¿qué implica eso? Si su respuesta es no, ¿qué lugar ocupan los sentimientos?

2. Nombre algunas de las veces en que sus sentimientos priorizaron la verdad o la realidad, y explique algunas de las consecuencias que ha tenido.

3. Si hasta ahora se ha dejado guiar por sus sentimientos, confiese a Dios ese error y decida a partir de ahora creerle, aunque no sienta nada.

3
La religiosidad

EL APÓSTOL PABLO, ESCRIBIÉNDOLE A LOS GÁLATAS, dijo: "Me maravillo de que tan pronto hayáis abandonado al que os llamó por la gracia de Cristo, para seguir un evangelio diferente, que en realidad no es otro evangelio, sólo que hay algunos que os perturban y quieren pervertir el evangelio de Cristo" (Gá. 1.6-7). Es de suponerse, entonces, que uno puede nacer estando en el error, o conocer la verdad y luego desviarse de ella.

Cuando se habla de religión, muchos piensan en lo que el hombre puede hacer para alcanzar a Dios, distintos tipos de sacrificios, celebración de ritos o la práctica de algunas disciplinas que son sanas en sí mismas, pero que pueden ser utilizadas con una motivación equivocada. Pero la verdad básica y sencilla es que la verdadera religión no trata de lo que el hombre puede hacer para alcanzar a Dios, sino de lo que Dios ha hecho para que el ser humano pueda reconciliarse con él.

En el presente capítulo enfocaremos la atención en aquellas cosas o elementos que no nos permiten conocer la verdadera libertad, o que nos roban la libertad que Cristo vino para darnos. Según el apóstol Pablo, hay personas que quieren perturbarnos y que están deseosas de pervertir el verdadero evangelio de Cristo. Para no ser engañados y continuar esclavizados, es importante que conozcamos aquellas cosas que nos impiden vivir una vida en plena libertad en Cristo Jesús.

Otro elemento de desviación que se ve con mucha frecuencia es lo que comúnmente se conoce por religiosidad. El diccionario de la Real Academia Española define la religiosidad como 'el conjunto de creencias o dogmas acerca de la divinidad; de sentimientos de veneración y temor hacia ella, de normas morales para la conducta individual o social y de prácticas rituales, especialmente la oración y el sacrificio para tributarle culto'. Y por religiosidad, 'la práctica y el esmero en el cumplimiento de los deberes religiosos. Puntualidad, exactitud en hacer, observar o cumplir una cosa'. [1]

Cuando creemos que nuestra salvación, o parte de ella, depende de la observancia de ciertos principios religiosos (religiosidad), entonces esto pasa a ser un "agregado" a la suficiencia de Cristo o, en casos extremos, puede sustituirlo completamente.

Es bueno recordar que junto con la colonización española, tanto Argentina, en forma particular, como Latinoamérica, en general, había sido "evangelizada" por los colonizadores. Algunos historiadores dicen que los habitantes de América en realidad no se convirtieron a Cristo, sino a María. Es decir, entonces, que América Latina es más "marianista" que "cristiana". Y sin pretender ofender a nadie, personalmente me atrevería a decir que Latinoamérica se convirtió a un paganismo cristianizado, es decir, a una mezcla de elementos tanto cristianos como paganos.

Es interesante destacar que las evangelizaciones fueron,

---

[1] Real Academia Española, Diccionario de la lengua española, Madrid, 1970, p. 1127.

La religiosidad | 41

en su gran mayoría, nada más que una fachada político-religiosa, para, de esta manera, poder lograr los objetivos que se habían trazado, esto es, explotar a los indígenas, robarles los bienes y las tierras, violar a sus mujeres y tomarlos como esclavos. Esta supuesta "evangelización" la hacían con la cruz por delante y la espada por detrás.

Desde el punto de vista teológico, esto fue un fracaso; pues no hicieron otra cosa más que agregarle a los nativos un dios extra a los tantos que ya tenían. Esto fue paganismo puro, ya que Dios requiere del ser humano la adoración únicamente hacia él (Éx. 20.3). Sin duda alguna, Bartolomé de las Casas y otros más desarrollaron un trabajo bastante significativo y marcaron una diferencia.

Tomemos como ejemplo la religión guaraní, practicada por unas tribus indígenas ubicadas en el noreste de Argentina y sureste de Paraguay, y la "evangelización" que allí se desarrolló. El historiador Mateos, con respecto a la religión guaraní comenta que:

> ...ésta está llena de supersticiones, abusos, malos hábitos, ritos, ceremonias y cantos, de todo lo cual el padre Luis Bolaños quería librar a los indios... quería librarlos, por ejemplo, de unos pájaros de diversos colores, que llaman guacamayos, que los naturales tienen por cierto género de superstición e idolatría y como a tales adoran particularmente. [2]

Lamentablemente, los supuestos evangelizadores no convirtieron totalmente a los guaraníes al verdadero cristianismo, ni siquiera al cristianismo romano, sino que barnizaron esas idolatrías con una fachada cristiana, creando de esta manera un sincretismo religioso, fruto de una mezcla de dos religiones.

El indio guaraní, mientras todavía era pueblo, y, por lo

---

[2] F. Mateos, El primer concilio del Río de la Plata en Asunción, Madrid, Misionología hispánica XXVI, 1960, p. 78.

tanto, religioso, diría más o menos esto: "Lo que hace que yo sea pagano para ustedes, esto mismo hace que ustedes no sean cristianos para mí". Ellos tenían sus danzas rituales, sus oraciones y su vida en comunidad con todas sus idolatrías, mientras que los que pretendían evangelizarlos eran egoístas, violentos y engañadores, usaban de la fuerza y del desprecio para tenerlos atemorizados y disminuidos y, en nombre de la religión, los trataban como a animales, haciendo, así, grandes estragos con ellos.

Con el transcurrir de los años, esa teología o religiosidad fue puliéndose y tomando forma, sin presentar nunca a Cristo como la única alternativa, como único mediador entre Dios y los seres humanos y como el sustituto de toda religión. Por lo tanto, los antiguos pobladores así como los actuales viven una religiosidad "pagano-cristiana", adorando más a otros santos y a la virgen María (con todos los demás nombres que ha recibido, Luján, Itatí, etc.) que a Cristo, en cuyo nombre se han hecho y se continúan realizando grandes calamidades.

Pasaron unos años de esa primera supuesta evangelización, y a fines del siglo XIX llegó con nuestros abuelos y padres, el protestantismo. Los inmigrantes, junto a sus culturas, comidas y tradiciones, trajeron consigo su religión étnica: italianos: valdenses, ingleses: metodistas, alemanes: luteranos holandeses: reformados, etcétera. Ellos se insertaron en estas tierras, en distintas partes del país y del continente, especialmente en la zona denominada el "Cono Sur", en el Río de la Plata. En sus comienzos vivieron en sus guetos, sin dar la posibilidad de que otros lleguen a ser partícipes de lo que ellos creían y cómo lo profesaban. Es posible que en esto último haya influenciado todo el problema del desarraigo y el temor a lo nuevo. Luego, como ya expresé, llegaron las misiones del norte y comenzaron a fundar las iglesias conocidas actualmente como "iglesias evangélicas", aunque para muchos, éstas son sectas.

En el grupo de las iglesias étnico-tradicionales, resalta

mucho la religiosidad y la falta de compromiso serio y profundo con un Dios vivo y real, que actúa hoy en medio nuestro. En el segundo grupo, las que vinieron del norte, no necesitamos sondear mucho para darnos cuenta del alto grado de religiosidad que también tienen.

El ser humano y la religión

Si analizáramos al ser humano en su totalidad, nos daríamos cuenta de que por naturaleza es un ser religioso. Aun las universidades seculares están hablando de una educación sistémica en donde la parte espiritual ocupe un lugar importante. Holbach dice que el hombre sólo trae, al venir al mundo, la facultad de sentir, y que a partir de esa facultad se desarrollan todas las demás facultades llamadas "intelectuales".[3]

El ser humano recibe de los objetos impresiones o sensaciones; unas le agradan, otras le molestan. Aprueba las primeras, desea que se prolonguen o renueven en él; desaprueba las otras y evita contactarse con ellas dentro de lo posible. Dicho de otro modo, ama a unas y a los objetos que las han provocado; detesta a las otras y a los objetos que las han producido. El ser humano vive en sociedad y está rodeado de seres que se le parecen, sensibles como él.

Todo ser humano es religioso, también aquel que dice ser "ateo", porque trata de venerar ese ateísmo y a su vez tiene otros dioses a los cuales adora o rinde culto, como, por ejemplo, su moral, su conducta, su sistema político, su trabajo, su familia, etcétera. La práctica de la religión es posible a todo ser humano, es originaria y primitiva, y como acto total afecta al hombre entero, éste con todas sus posibilidades y facultades.

La religión no pertenece solamente a un estadio determi-

---

[3] A. Bebel y otros, Sobre la religión II, Salamanca, Sígueme, 1975, p. 61

nado del desarrollo humano (por ejemplo, al estadio primitivo de la infancia, carente de reflexión), sino que es algo propio de la humanidad como tal, en todas las fases de su desarrollo e historia. No es posible concebir a un ser humano libre de la religión, porque al llegar a ese punto adorará esa libertad que ha conseguido. La religión abarca, por lo tanto, al ser humano tanto en su individualidad como en su referencia a la comunidad. La religión comprende al ser humano como totalidad de espíritu, alma y cuerpo, y se expresa en las formas más diversas: en pensamiento, palabra, gesto, signo, oración, culto, canción, danza y en otras muchas posibilidades del mundo referidas al hombre, con todas las formas de expresión y organización que el mundo le ofrece. Es decir, la religión, en el sentido de actualización religiosa, no es una cosa exclusiva de unos cuantos seres humanos "religiosos" o religiosamente dotados, sino que es una determinación esencial y existencial de la humanidad en general. El autor del libro de Eclesiastés lo expresaría de la siguiente manera: "Dios ha puesto eternidad en el corazón de los hombres" (3.11b, BLA). El hombre es, por naturaleza y por esencia, un ser constituido y determinado religiosamente. No es que la religión sea producto de ciertas relaciones sociales y económicas no satisfechas, como algunos la catalogaron. [4]

Pero bien sabemos que la religiosidad tiene pluralidad de formas y contenidos, y que las maneras y formas de encuentro con la trascendencia son distintas en clases y rangos. Teniendo

---

[4] Heinrich Fries, Conceptos fundamentales de la teología, Tomo. II, Madrid, Cristiandad, 1973, p. 553. El autor aquí dice que "no se puede admitir que la religión sea el producto de ciertas relaciones económicas y sociales (religión como opio del pueblo igual a una expresión de las necesidades no satisfechas, como producto del feudalismo y del capitalismo), necesariamente abocada a extinguirse cuando el hombre ya no tiene necesidades, cuando se agotan sus fuentes de dependencia, de temor y de subordinación; meta que se alcanza mediante la abolición del sistema capitalista, por el triunfo completo del socialismo, que realiza en la tierra todas aquellas pretensiones ilusorias de la religión por las cuales el hombre había caído en la autoalienación".

La religiosidad | 45

al ser humano como a un ser religioso, podemos decir que la religión está expuesta al falseamiento, la desviación y la caída. Esto último se da con frecuencia. La religión es falseada cuando el ser humano se coloca como última razón de sí mismo en lugar de Dios, o eleva algo del mundo y en el mundo a ese rango. Al otorgar el ser humano a algo creado por él la dignidad de lo definitivamente verdadero, último, absoluto, y procurarle la plena fuerza y energía de la actualización religiosa, la religión ha sido falseada en su misma esencia. Fries comenta al respecto:

> La religión traiciona y falsea su esencia cuando, arrastrada por la diversidad y multiplicidad de sus actos, deja de dedicarse sin reserva y entregarse de lleno a su fundamento trascendente y santo, aparta de él su intención más íntima; pretende apropiarse de lo divino en una inversión de órdenes, intenta asirlo y ponerlo a su disposición, quiere prevalecer sobre lo poderoso y lograr influjo sobre su voluntad y providencia. Bajo la máscara de religión, ésta se ve despojada de sí misma y degenera en magia. Indudablemente, hay que reconocer que esta religión no se parece en nada a la religión y que la esencia de la religión no puede consistir en esa falsificación.[5]

El evangelio de Cristo o la fe cristiana es desviada de Cristo cuando el cristiano falsea la religión, cuando desvía su adoración a elementos que constituyen la religión y no a su autor, Dios. Esto lo hace por causa del paganismo existente y de toda aquella filosofía que hemos arrastrado por años, como consecuencia de un mal comienzo. Este desfasaje trae como resultado los "agregados" a la suficiencia de Cristo, que son las obras litúrgicas.

Comprendiendo el estado de pecado en que el ser humano nace, podemos pensar que cuando se convierte a Cristo hay

[5] Ibíd., p. 534

un proceso de transformaciones en su interior y en su exterior, tanto espiritual como emocional y psíquico. Este proceso crece gradualmente, pero en él, en cada instante, la persona siente un fuerte deseo de volver a lo de antes. Por lo tanto, podríamos pensar que uno de los problemas del cristiano es la vuelta al ídolo, la vuelta a aquello que adoraba. Quizá sea más claro presentarlo con la siguiente comparación: la psicología dice que una persona con complejo de Edipo es aquella que acarrea una fuerte tendencia de apego a su madre. Pensando en un cristiano, sería razonable decir que hay muchos cristianos que tienen un fuerte complejo de "Edipo pagano", es decir, que tratan de volver a donde estaban antes (la antigua madre), al luchar por sus propios medios para lograr la herencia eterna. Es necesario comprender también la fuerte influencia de la filosofía diabólica en la cual nos encontramos inmersos, la que tratará de que volvamos a los ídolos, a lo externo, ritual, a lo ficticio y pasajero. Si el apóstol Pablo, escribiendo a los cristianos de Gálatas, los exhorta por haber dejado el camino de la libertad y haberse vuelto a la esclavitud de la ley, es porque la tendencia del ser humano es volver nuevamente a la esclavitud.

Quizá nos preguntemos: ¿Cómo puede un cristiano volverse a los símbolos o tener como "agregados" a la suficiencia de Cristo las obras litúrgicas? Antes de responder a esta pregunta sería bueno aclarar que queremos decir al hablar de "obras litúrgicas".

En el cristianismo, así como en las antiguas religiones, el sacrificio era un elemento esencial, pero con significados y condiciones diferentes de los de las religiones paganas. Parece seguro que el sacrificio, en el origen de las religiones, ha sido algo más que un medio de reconocer, por una especie de tributo, la soberana autoridad de los dioses personales, o de conciliarse el favor de los dioses, de prevenir o apaciguar su descontento con ofrendas o expiaciones voluntarias. Es posible que los seres humanos cooperaran con los dioses porque querían gobernar el mundo junto a ellos, es decir, llegar a ser dioses también. Actualmente no estamos lejos de ello, parece ser que la historia se repite: la religión ha llegado a ser para muchos la muleta amiga, y en algunos casos sirve también como pago de culpas. El teólogo Harvey Cox, en su libro La religión en la ciudad secular, con respecto a este tema nos dice lo siguiente:

> Para la mayor parte del mundo, la religión no es algo que se piense demasiado, sino que es algo que fluye espontáneamente en la bendición de la mesa, en diversos usos festivos, en bodas y funerales, en aforismos, en costumbres alimenticias y dietéticas, en la educación de los niños y en otra serie de cosas que forman parte del clima general de cercanía de la vida corriente. Aunque las personas, cuya religión es "popular" en este sentido puede que asistan a la iglesia, y hasta puede que sean fieles y devotos participantes, en realidad experimentan a la iglesia como una pieza de un todo más amplio que incluye mucho más facetas que expresan y refuerzan la fe. La religión "popular" es como un mobiliario de una habitación familiar. Es "la manera de hacer las cosas". Forma parte de la escena. En algún sentido puede decirse que es la escena, es el escenario en el cual todo lo demás encuentra su lugar apropiado.[6]

Además de esta lista de acciones religiosas que nombra Cox, podríamos agregar como obras litúrgicas las siguientes: el culto, la escuela dominical, la oración, el ayuno, la lectura de la Biblia, las experiencias místicas analizadas en el capítulo anterior, el canto, la Cena del Señor, el bautismo, programas especiales, etcétera.

¿Hasta qué punto todas estas actividades y sacramentos mencionados anteriormente no se realizan como sacrificios meritorios o "agregados" para la salvación en una gran mayoría

---

[6] Harvey Cox, La religión en la ciudad secular, Santander, Sal Terrae, 1985, p. 234

de cristianos? En cierta oportunidad escuché a una persona cristiana decir: "Si no voy al culto, todo me sale mal". Consciente o inconscientemente hay un concepto de poder mágico en el culto en sí. El culto, la reunión en sí, ha llegado a ser para muchos el fin y no el medio por el cual alabar y adorar a Dios, ministrarse entre los hermanos y ser una comunidad filial. Algo similar ocurría con Israel en los tiempos del profeta Jeremías, quien confiaba en el templo de Jehová, pero su vida como pueblo de Dios no cambiaba. De nada sirve estar todos los días de la semana en alguna reunión religiosa, si la vida de Cristo no nos transforma y somos sal y luz en medio de nuestras familias y comunidades. Sirve de muy poco ser derribados todos los domingos por el Espíritu Santo, si no somos trasformados por ese poder.

Hay cristianos que en la actualidad se encuentran enfermos espiritualmente porque se afligen pensando que, si no oran tantos minutos por día, o no ayunan una vez por semana o por mes, o no tienen experiencias místicas emocionales con frecuencia, Dios los ha abandonado o no los acepta. Lo llamativo al leer las Escrituras es encontrarnos con hombres y mujeres de Dios que tuvieron muy pocas experiencias trascendentes en sus vidas, pero que perseveraron en una fe sencilla en el Dios en quien habían creído. Hay cristianos que creen que si no se bautizan no heredarán la vida eterna. Hay otros que creen que los símbolos de la Cena del Señor los limpian de pecado, y por lo tanto, cuantas más veces participan, mejores son. En algunas denominaciones, especialmente las étnico-tradicionales, el morirse sin antes haber comido del pan y bebido el vino de la Santa Cena es casi desesperante. Y en los casos en donde se bautizan infantes, si la criatura corre peligro de muerte, la bautizan lo más pronto posible para que sus pecados originales le sean perdonados. Si esto fuera así, bauticemos a todos y olvidémonos de evangelizarlos.
Para muchos, estas obras litúrgicas han pasado a ser "sacrificios", muchos piensan que haciéndolas colaboran con Dios para su sal-

vación, o peor aún, piensan que si no las hacen no podrán heredar la vida eterna. El evangelio de Cristo no es solamente religión, es mucho más que eso. Si así fuera ¿para qué vino Cristo entonces? Jesucristo no vino a crear una nueva religión. Religiones ya había; lo que el vino a hacer fue a transformar esa religión en una plena relación con Dios y, por ende, con los seres humanos. Vino a aplicar el espíritu de la letra, el fin de las cosas. Vino a pagar un precio para darnos luego gratuitamente el acceso a la eternidad. La eternidad tiene un solo medio, es por gracia o no lo es nada.

Preguntas para el estudio y la discusión

1. ¿Cómo podría definirse la supuesta evangelización de Latinoamérica?

2. ¿Cuál sería una posible respuesta de los guaraníes para no convertirse a Cristo?

3. ¿Qué dos grupos cristianos no católicos llegaron a Latinoamérica?

4. ¿Cómo definiría el concepto de religión?

5. ¿Cuándo la religión es falseada?

6. ¿Qué características nombra Harvey Cox de la religiosidad popular?

7. ¿Qué otras obras litúrgicas pueden ser consideradas como acciones religiosas?

8. ¿Qué posibles razones hay por los cuales muchos cristianos están espiritualmente enfermos?

9. ¿Cómo se podría definir la nueva religión de Jesús?

Actividades de aplicación

1. ¿Qué implicancias prácticas negativas hay para nuestras vidas a raíz del trasfondo religioso de nuestros países?

2. ¿Qué fue lo que nos ha impactado del evangelio de Cristo para nuestra conversión?

3. ¿En qué momento de su vida espiritual siente el deseo de regresar a la esclavitud?

4. ¿Qué lugar ocupan en su vida las obras litúrgicas?

5. ¿Qué significado tiene para su vida el evangelio de Cristo?

4
Las doctrinas

QUÉ HAY CON EL FAMOSO DICHO POPULAR "ustedes son de los que prohíben esto o aquello"? ¿Es la vida cristiana la suma de prohibiciones o la afirmación de lo que es correcto y bueno para vivir una vida plena? ¿Puede la verdad hacernos esclavos, si ésta está despojada del Espíritu? ¿Cómo es que la doctrina o un credo de fe puede ser una piedra de tropiezo en nuestro transitar a la eternidad? Éstas y otras preguntas relacionadas con el tema tendrán una respuesta en el presente capítulo. Además, trataremos de ver cómo, muchas veces, en defensa de la doctrina permanecemos esclavos o esclavizamos a los demás. Jesús, refiriéndose a los escribas y fariseos, decía que eran hipócritas, porque recorrían cielo y tierra para conseguir un adepto a la religión judía y hacerlo esclavo de sus creencias. El punto básico es ¿soy esclavo o soy libre?

El cristianismo no consiste en sistematizar las doctrinas y amarlas. Hay muchos cristianos que en la práctica han cambiado el verbo "adornar" de Tito 2.10 ("para que en todo adornen la doctrina de Dios nuestro Salvador", BLA) por el verbo "adorar". Para muchos cristianos, la doctrina ha llegado a ser mucho más importante que el mismo autor de la doctrina. En el mundo evangélico, encontramos cristianos que por su tremendo y extremado amor a la doctrina han causado divisiones en sus congregaciones, pleitos entre hermanos y cambios de denominaciones. Todo esto por el solo hecho de que los demás no estuvieron de acuerdo con ellos en algo. Viene a mi memoria la parábola de aquél grupo de cristianos que se apartó de una congregación porque ésta sostenía que la alfombra en el cielo sería blanca, mientras que los demás sostenían que sería roja. De modo que se organizó la iglesia de los hermanos de la alfombra roja y la de los hermanos de la alfombra blanca. Para cristianos como éstos, el evangelio es la adoración de la doctrina y de los rudimentos de la misma, y, por lo tanto, llega a ser un "agregado", sustituto o elemento de desviación de la fe en la suficiencia de Cristo.

Ser demasiado "doctrinal" puede causar demasiados problemas en una congregación. Generalmente, este tipo de creyentes impide el crecimiento de la iglesia, impide la unidad y la verdadera expresión de la libertad en Cristo, impide el maravilloso obrar del espíritu Santo y provoca conflictos personales internos. La doctrina para estos cristianos pasa a ser un fin en sí mismo, y un espíritu de legalismo controla las vidas de los que así creen.

La fe, concebida como la recepción del mensaje de que uno es aceptado gratuitamente por Jesucristo, se convierte en una proposición de afirmación puramente intelectual. Esto puede llevar a preguntarnos: "¿Estoy creyendo realmente?, si no creo ¿acaso puedo salvarme?" Las terribles luchas interiores entre el deseo de ser sincero y el deseo de salvarse muestra el fracaso en que desemboca la autosalvación doctrinal. Muchos creen que serán salvos por su fe, como creación propia, y se olvidan que la fe y el arrepentimiento que conducen a una persona a la conversión son también dones de Dios (Ro. 10.17; 2.4; 2 Co. 7.9; 2 Ti. 2.25).

Mientras alguien crea que es salvo por la fe y el arrepentimiento como méritos propios, no podrá dejar de ser un legalista. No somos salvos por la ley de la fe y del arrepentimiento, sino por la sola gracia de Jesucristo. Con la actitud legalista, la persona afronta cada situación en la que ha de tomar una decisión pertrechada de un completo aparato de reglas y normas prefabricadas. No es el espíritu de la ley, sino su letra lo que mata. El método legalista de salvación es uno de los más notorios en la historia de la salvación. La ley es, ante todo, un don divino. Muestra al ser humano cuál es su naturaleza esencial, su verdadera situación frente a Dios, frente a los demás seres humanos y frente a sí mismo. Porque la ley, como dice Pablo, sirve para demostrar que el ser humano es un ser pecador y que por sus propios medios no puede cumplirla. La ley, en definitiva, exige perfección, y la exige de un ser humano caído y, por lo tanto, imperfecto (Mt. 5.48; Stg. 2.10).

El ser humano, viendo lo que debería ser, sintiéndose arrinconado por la congoja de perderse y confiando en sus propias fuerzas para estar bien con Dios, no reposa de la esclavitud a la que se halla sujeta su voluntad e intenta alcanzar infructuosamente lo que ha perdido. Las condiciones de la existencia hacen que, simultáneamente, el mandamiento de la ley sea necesario y su cumplimiento imposible. Siempre que se ha establecido el legalismo como método de autosalvación, el resultado ha sido catastrófico. Ejemplo suficiente lo tenemos en las diferentes sectas y en el catolicismo romano.

Cuando hay algo que es bueno y aplicamos a ello el legalismo, aquello que era bueno llega a distorsionarse, no en esencia, pero sí en finalidad. Por ejemplo, el mandamiento "no hablarás contra tu prójimo falso testimonio" es algo bueno, pero cuando hacemos descansar en este mandamiento nuestra salvación, estamos distorsionando aquello que en un principio fue bueno y dado con una finalidad buena. Por el contrario, no lo distorsionamos, siempre y cuando apliquemos el cumplimiento como consecuencia de una genuina conversión y no como mérito personal. El hecho de ser legalistas puede conducirnos a un cristianismo liviano o al desespero ascético y, en muchos casos, al abandono de la fe. Con respecto a esto, Fletcher escribe lo siguiente:

> Las grandes tradiciones religiosas del Occidente (judaísmo, catolicismo y protestantismo) han sido legalistas. Tanto en lo moral como en lo doctrinal, todas ellas se han sujetado a una ortodoxia "sistemática" y muy meticulosa. Los antiguos judíos, sobre todo bajo el liderazgo macabeo y farisaico posterior al exilio, vivieron bajo la ley o Tora y su tradición oral (halaká). Era un código de 613 (o 621) preceptos, ampliado por innumerables interpretaciones y aplicaciones (la Mishná) cada vez más complicadas.[1]

Para ampliar esta idea, prosigamos con el ejemplo expuesto por Fletcher. Cuando Dios entregó el Decálogo al pueblo judío, uno de los mandamientos consistía en "santificar el día de reposo (séptimo día, sábado) (Éx. 20.8-11, BLA). Para la época de Jesús, los judíos habían hecho de este sencillo mandamiento, un estatuto, un libro en el cual escribieron lo que se podía y lo que no se podía hacer, cuánto había que caminar, el peso que se podía cargar y cosas semejantes, y a través de estas leyes infringían otras, como ser: "hacer misericordia y justicia, amar lo bueno, ayudar al prójimo" (Mt. 12.7, paráfrasis propia).

Un ejemplo de ello lo encontramos en Juan, capítulo cinco, cuando Jesús sanó a un enfermo que hacía treinta y ocho años que estaba junto al estanque de Betesda para que lo arrojaran al agua cuando, según la tradición, venía un ángel a remover

---

[1] Joseph Fletcher, Ética de situación, Madrid, España, Ediciones Ariel, 1970, p. 25.

las aguas. El día que Jesús lo sanó era sábado, como también ocurrió en varias ocasiones en las que hizo milagros de sanidad. Los escribas y fariseos, al ver a este hombre que cargaba su lecho, lo primero que hicieron fue acusarlo porque estaba quebrantando las reglas. En lugar de alegrarse porque habiendo estado enfermo por tantos años, ahora estaba sano, se enojaron porque les importaron más sus reglas y estatutos. Los sorprendió más que cargara su lecho en día de reposo, que el milagro de que estuviera sano.

Estos religiosos especulaban con sus reglas, si se llevaba, por ejemplo, tres kilogramos estaba bien, pero si se pasaba unos cincuenta gramos, ya lo condenaban. Ellos no supieron compartir la alegría de este enfermo, como la de tantos otros. No supieron comprender que por sobre todas las cosas Dios amaba a ese hombre, y que ellos también tenían que amarlo. Ellos eran expertos en matar el amor de Dios, que comprende la necesidad de un ser humano. Ellos programaban y determinaban a quién amar, cuando esto debía ser un estilo de vida.

Trasladando este ejemplo a nuestros días, podemos decir que a la persona legalista le duele más que un hermano haya quebrantado un mandamiento que el problema en sí de la persona. No estoy proponiendo que ignoremos el pecado, pero ello tampoco debe hacer que amemos menos. Jesús nos da un tremendo ejemplo en lo que hacía los sábados, en comparación con la interpretación y práctica de los religiosos. Pensemos, por ejemplo, en lo que el autor de Hebreos nos dice en 10.25: "No dejemos de congregarnos, como acostumbran hacerlo algunos" (NVI). La Biblia es clara en decirnos que el congregarse no es una opción, sino un mandamiento, pero muchas veces condenamos a cristianos que por alguna razón no se han congregado un domingo o un par de domingos. Desde el púlpito escuchamos con frecuencia a pastores condenar el hecho, sin preocuparse por saber el motivo por el cual ese hermano o hermana no pudo congregarse.

¿Qué hay con la famosa frase utilizada con frecuencia por

los inconversos: "Ustedes son de la religión que prohíbe tal o cual cosa"? ¿Hasta qué punto la iglesia evangélica no se ha convertido en un sistema de legalismo y prohibiciones? Lamentablemente, gran parte de la iglesia evangélica es conocida de esta manera, como la religión legalista, la religión que prohíbe. Por supuesto, también tenemos congregaciones que se han ido al otro extremo del péndulo, en donde en lugar de libertad encontramos libertinaje, que es otra manera de contradecir el evangelio de la gracia de Jesucristo.

Si analizamos este problema, nos daremos cuenta de que es una cuestión de fondo, de principios. Es muy común escuchar en las campañas evangelísticas frases del tipo: "Vengan a Cristo y reciban el regalo de la salvación" y luego en la pieza contigua, o días más tarde, le dicen al recién convertido que no debe hacer ni esto, ni aquello ni lo otro. Le presentan los estatutos con los seiscientos o más preceptos y doctrinas a los cuales debe atenerse. ¿Hasta qué punto, entonces, la salvación es únicamente por fe? La persona legalista cree, consciente o inconscientemente, que será salva por su fe y por las doctrinas, lo cual trae como consecuencia algo más grave aún, que es la bibliolatría o el gnosticismo cristiano. Aman y adoran tanto a la Biblia que creen que tiene algún poder mágico o misterioso. Cierta vez escuché decir: "Cuando me da temor por las noches, abrazo mi Biblia y me duermo con ella". Veneran tanto a la Biblia que la estudian lo máximo posible. ¿Para qué? Para tener mucho conocimiento, saber más de doctrinas y tener méritos doctrinales, y de esa manera, estar más plenamente convencidos de que están en lo que a Dios le agrada. Como resultado de esto obtienen más legalismo.

En el tiempo de la iglesia primitiva existía la corriente religioso-filosófica de los gnósticos, o el gnosticismo, quienes basaban su trascendencia a una vida en el más allá sobre la base de sus conocimientos. Es decir, que los de la alta sociedad, los cultos e intelectuales, los que tenían la posibilidad de estudiar en las escuelas filosóficas (que eran los pocos), y los que tenían buena reputación como sabios eran los que más cerca de la deidad estaban. Mientras tanto, los indoctos, los analfabetos y las escorias de la sociedad (que eran los muchos), los que no pertenecían a la alta sociedad, eran los que más lejos estaban del ser supremo.

Hoy en día, hay cristianos que consciente o inconscientemente están en una situación igual de pensamiento. El clero romano de alguna manera dejó establecido que solamente la curia tenía la posibilidad de interpretar las Escrituras y de administrar la gracia, es decir, estaban más cerca de la deidad. Pero este mismo problema lo está viviendo la iglesia evangélica, quien también ha caído en un clericalismo verticalista, especialmente con toda una nueva corriente de profetas y secretarios directos y exclusivos de Dios. Este clericalismo ha puesto las bases del gnosticismo cristiano. Muchos estudiosos de las Escrituras utilizan este conocimiento como un complemento de la salvación, y se creen estar más cerca de Dios porque saben sobre él y su Palabra más que el "común" de los cristianos. Por lo tanto, en su propio orgullo, se alaban porque piensan que, por saber más, Dios los utilizará más o mejor. Este mismo fenómeno o pensamiento también se da de manera contraria: "Como no sé tanto, entonces no tengo mérito suficiente delante de Dios".

Algunos israelitas, en tiempos del profeta Jeremías, se encontraban en una situación como la anterior. A ellos Dios les dijo:

Así dice el SEÑOR: "Que no se gloríe el sabio en su sabiduría,
ni el poderoso de su poder,
ni el rico de su riqueza.
Si alguien ha de gloriarse,
que se gloríe de conocerme
y de comprender que yo soy el SEÑOR
(Jer. 9.23-24, NVI).

Lo importante y fundamental es conocer a Dios, conocer a la persona a la cual le hemos confiado nuestras vidas, conocer su amor, su fidelidad, su misericordia, su santidad, su inagotable gracia y sus demandas para con cada uno de nosotros. Lo más importante no es saber mucho acerca de Dios, sino, más bien, conocerlo a él, opinar como él opina y creer lo que él cree. Esto no es equivalente a conocer doctrinas, legalismos y adorar la Biblia. Hay mucha diferencia entre "conocer las Escrituras del Señor" y "conocer al Señor de las Escrituras". Hay muchos que pueden ser buenos conocedores de la Biblia, pero que del autor sepan poco.

El apóstol Pablo, hablando en defensa de su ministerio, dijo: "Y tal confianza tenemos mediante Cristo para con Dios; no que seamos completos, competentes (suficientes) por nosotros mismos para pensar algo como de nosotros mismos, sino que nuestra competencia viene de Dios, el cual asimismo nos hizo ministros competentes (suficientes) de un nuevo pacto, no de la letra (legalismo), sino del espíritu (gracia), porque la letra (legalismo) mata, pero el Espíritu (gracia) vivifica" (2 Co. 3.4-6, BLA). El legalismo siempre produjo, y producirá, muerte y condenación.

El no conocer bien al Autor de la Vida, el autor de la gracia, hace que amemos más las doctrinas y seamos cristianos simplistas, sin profundidad. No olvidemos: misericordia, juicio y justicia es lo que Dios quiere que hagamos aquí en la tierra. Dediquemos todo el tiempo y esfuerzo necesario para conocerlo a él, quien es digno de todo nuestro amor y dedicación.

Las doctrinas | 59

Preguntas para el estudio y la discusión

1. ¿Cuál es una de las causantes de divisiones en las iglesias evangélicas?

2. ¿Cómo se podría definir la fe cristiana?

3. ¿Por qué el legalismo es uno de los métodos más notorios de autosalvación en la historia de la religión?

4. ¿Cómo podemos distorsionar algo que originalmente ha sido creado como algo bueno?

5. ¿Cómo se podría resumir el pensamiento de Fletcher?

6. ¿Por qué una gran mayoría tiene el concepto de la iglesia evangélica como la religión que "prohíbe"?

7. ¿Cómo afecta actualmente la corriente filosófica del gnosticismo?

8. ¿En qué sentido los líderes evangélicos han caído en el clericalismo?

9. ¿Qué es lo más importante en el cristianismo?

10. ¿Cómo se podría contrarrestar el legalismo?

Actividades de aplicación

1. ¿En qué sentido el énfasis en las doctrinas ha afectado negativamente su vida espiritual?

2. ¿Cómo han afectado positivamente las doctrinas en su vida espiritual?

3. ¿Tiene tendencias al legalismo? ¿Cómo cree que podría contrarrestar esto?

4. Si hasta ahora ha sido esclavo/a de las doctrinas, confíeselo a Dios y comience a disfrutar de su gracia.

5
La moralidad

PUEDE LA MORALIDAD DISTORSIONAR LA ÉTICA cristiana? Desde la perspectiva psicológica, es muy común que una persona que tanto defiende la moralidad sexual, en realidad tenga problemas en esa área. Es decir, moralmente puede tener conceptos correctos, pero la vida y las motivaciones de esa moralidad no respaldan la ética cristiana. ¿No será que muchas veces la culpa no resuelta nos empuja a fachadas de moralidad? ¿No será que la falta de confianza en la gracia de Dios muchas veces nos empuja tratar de construir la redención?

En este capítulo estaremos analizando, desde diversas perspectivas, cómo la moralidad es un camino insuficiente para alcanzar la gracia de Dios y el regalo de la vida eterna.

El apóstol Juan dice en una de sus cartas: "El mundo entero está bajo el control del maligno" (1 Jn. 5.19b, NVI). Si el mundo entero está bajo el maligno, entonces, ¡cuánto más la moral del ser humano! El ser humano moderno, al igual que el de antaño, está corrompido a un grado en que es irreparable por sus propios medios. Un gran mito del siglo XX fue que "la educación haría mejor a la humanidad", sin embargo, es el siglo en donde más guerras y muertes ha habido. La corrupción humana es más grave o profunda de lo que nosotros podemos imaginar; y esto hace que algunos cristianos estén luchando por una moral correcta como algo que depende de ellos mismos. En el terreno de la redención, muchos también se confunden: creen que la salvación se obtiene mediante la fe en Cristo y la moralidad. Se sienten inmersos dentro de un mundo corrompido y luchan por mantener una determinada moralidad como un precepto impuesto desde afuera.

Estoy de acuerdo con el doctor Fletcher, cuando dice que el moralismo es una distorsión fatal de la ética cristiana. Él comenta que así como el legalismo absolutiza la ley y el pietismo individualiza la piedad, del mismo modo el moralismo trivializa la moralidad. Reduce lo ético a meras triquiñuelas o a una microética.[1]

Cuando la moralidad pasa a ser para el cristiano un "agregado" para la salvación, es como si quisiera responder a través de su moralidad a la miseria moral que tiene como ser humano en el mundo y como cristiano en la iglesia. A través de la excesiva moralidad, el cristiano, en cierta manera, está buscando aquello que anhela y no tiene, o cubriendo lo que realmente es en lo moral, o haciendo algo ("lo que puede") para que el Señor no tenga que hacerlo todo.

Ante esto, Freud lanza una de sus aserciones más agudas: la actualidad religiosa como "consecuencia del sentimiento de culpa", y al mismo tiempo, liberadora del mismo. Si recordamos lo expuesto en el capítulo sobre la religiosidad, nos daremos cuenta de que en esta aseveración Freud se equivoca. Hubiese sido más acertado decir que la excesiva moralidad es consecuencia del sentimiento de culpa, porque, como dejamos establecido en aquel capítulo, la religiosidad es algo innato en el ser humano.

Hay dos tipos de sentimientos de culpa. Uno por situa-

---

[1] Joseph Fletcher, Ética de situación, Madrid, España, Ediciones Ariel, 1970, p. 249.

ciones reales, por pecados concretos que fueron cometidos, pero que no fueron confesados y, por lo tanto, no fueron perdonados, (o que sí fueron confesados, pero no fue creído el perdón). El otro sentimiento de culpa puede ser producido por el enemigo o por un excesivo perfeccionismo. Deseamos tanto llegar a un determinado escalón con nuestra moral, que al no conseguirlo acarreamos frustraciones y fuertes sentimientos de culpa, lo que nos lleva a querer apaciguarlos mediante una mayor moralidad. Así se conforma un círculo vicioso. Claro que a veces este perfeccionismo es un mecanismo para redimirse de ciertas culpas reales.

Si dejamos de lado el principio de culpabilidad real por un momento, podemos retener la idea de que la culpabilidad es una de las motivaciones psicológicas del comportamiento moralista. Cuando hablamos de culpabilidad real nos referimos al pecado real cometido contra un ser supremo, y no meramente de culpabilidad psicológica, como algo creado sólo por la mente. La excesiva moralidad a causa del sentimiento de culpa no tiene como eje principal a Dios, sino el alivio personal. En esos casos, Dios pasa a ser vivido y experimentado como una especie de "líder moral", de seguro contra el mal, de freno, de perdonador más o menos benévolo o de juez implacable y perseguidor, y la moralidad se convierte en pago o prevención. Es muy probable que tales personas tengan el concepto de un Dios que castiga e infunde únicamente temor, que al menor tropiezo nuestro nos da con azotes. Por lo tanto, la tendencia no es a creer en un Dios de gracia, sino en un Dios sólo de juicio.

La perseverancia en el narcisismo individual, que no acepta la realidad humana de los límites, que no acepta la imperfección, la impotencia, la carencia, sino que los vive como un atentado contra la configuración personal, también aclara esta perspectiva. El "no serlo todo", ni "poder tenerlo todo" infantil, como realidad que se impone al deseo contrario, subyacente, hace emerger una conciencia culpable, una conciencia que anhela la perfección y que a la vez se persigue porque no la alcanza por sus propios medios.

Este problema suele ser frecuente en personas que enfatizan obsesivamente la moralidad sexual. No es difícil encontrar que tales personas tengan grandes problemas en esa área. Por lo tanto, están cargando un sentimiento de culpa y tratan de proyectarlo en una excesiva moralidad; es como si quisieran aliviar su pecado, o redimirlo de esa manera. Para evitar el desorden de la concupiscencia, el asceta trata de extinguir completamente el deseo, y, para ello, elimina los objetos de su posible deseo en la medida que a él le es dado hacerlo, dentro de los límites de su existencia finita. En realidad, las apetencias concupiscentes no desaparecen de la naturaleza humana, sino que siguen presentes en ella, aunque reprimidas. En problema no radica en lo exterior, o en los objetos u órganos sexuales, como algunos lo han pensado, radica en el interior del ser humano, en su mente y corazón, en la misma esencia de su ser. Bien dijo Jesús:

> Pero lo que sale de la boca viene del corazón y contamina a la persona. Porque del corazón salen los malos pensamientos, los homicidios, los adulterios, la inmoralidad sexual, los robos, los falsos testimonios y las calumnias. Éstas son las cosas que contaminan a la persona, y no el comer sin lavarse las manos (Mt. 15.18-20, NVI).

Por lo tanto, es el corazón el que debe ser limpiado.

Con respecto a esto, Artiles cita a Gilen, quien luego de haber hecho un estudio, dice que el sentimiento de culpa está caracterizado por:

- Cargar un peso que priva de libertad.
- Una inquietud oprimente que empuja a la expresión y liberación.

- Remordimiento de conciencia.
- Miedo, angustia, depresión.
- Idea de liberación por medio de la confesión (romanismo).[2]

Algunas personas son más sensibles a sus culpas que otras, por lo que podríamos suponer que éstas serían más moralistas, según la hipótesis expuesta anteriormente de "la moralidad como eliminadora de los sentimientos de culpa".

Ahora bien, sin duda alguna, existen situaciones y tiempos en los que lo moral no resulta evidente por sí mismo, ya sea porque no se practica o porque ha resultado problemático en su contenido. En tales momentos, lo ético se convierte en tema; pero cuando una persona tiene como único tema lo ético o solamente la moralidad por mucho tiempo, la moral deja de ser comprendida como palabra "última" y su lugar es ocupado por la vulgar moralización. Así, la enseñanza casera de toda la vida termina en una horrible monotonía y uniformidad de todas las fusiones culturales, como también en una nivelación violenta tanto espiritual como social.

Según el pastor luterano Dietrich Bonhoeffer, el aferrarse conpulsivamente al tema ético en forma de moralización de la vida es consecuencia del temor ante la plenitud de la vida. Él dice que es la huida a una posición al margen de la vida real, desde la que se puede mirar a la vida misma sólo con una actitud de superioridad y a la vez con envidia.[3]

De modo que, generalmente, una obsesiva moralidad es consecuencia de un sentimiento de culpa, de falta de experimentar el perdón de los pecados, por temor a la plenitud de la vida o por sentimientos de inferioridad. Podemos decir que las personas con tales problemas convierten la vida moral en un sinfín de re-

---

[2] M. F. Artiles, El catolicismo popular en la Argentina (psicológico), Buenos Aires, Bonum, 1969, p. 60.
[3] Dietrich Bonhoeffer, Ética, Madrid, Estela, 1968, p. 188.

glas y prohibiciones: condenan el tabaco, los bailes, los juegos de cartas, las diversiones de los domingos, un beso o una caricia a la novia, el incumplimiento del precepto de congregarse, los pensamientos y las palabras consideradas pecaminosos, la televisión, las pinturas, los pantalones en las chicas, el pelo largo o los aritos en los muchachos, etc., pero nunca muestran excesivo interés por los grandes problemas del amor, la justicia y la misericordia, ni jamás plantean la menor exigencia de verdadera trascendencia y compromiso con los seres humanos de buena voluntad. Tales personas no se dan cuenta de que los mandamientos de Dios no son prohibiciones, tampoco son credenciales para pecar, sino que los mandamientos de Dios son un sí a la vida, a la permisión de vivir obedientemente como ser humano ante Dios.

A menudo, semejante trivialidad moral es acompañada de una cierta doctrina de obras éticas, según la cual si somos "buenos" nos salvamos, y la bondad que quizá nos salve consiste en la observancia de esas insignificantes prohibiciones puritanas. Esto se reduce a lo siguiente: el hombre redimido se afana por crear redención; el hombre salvado trata de salvarse, y piensa realizarlo por medio de las buenas obras, u obras éticas; entonces, intensifica esos actos de piedad.

Las sarcásticas e irónicas palabras de Jesús contra quienes cuelan el mosquito y se tragan el camello, cuadran perfectamente con el moralismo, así como también su arremetida contra los fariseos, quienes "dan la décima parte de sus especias: la menta, el anís y el comino. Pero han descuidado los asuntos más importantes de la ley, tales como la justicia, la misericordia y la fidelidad" (Mt. 23.23-24, NVI). Como podemos ver, los fariseos hacían obras éticas, eran estrictos en los diezmos, pero se habían olvidado que el evangelio en sí no consiste solamente en mantener una moralidad cristiana. En efecto, Jesús mismo dijo: "Debían haber practicado esto sin descuidar aquello" (Mt. 23.23b, NVI).

¡Cuidado!, ser extremados moralistas nos puede convertir en cristianos hipócritas, que recorremos tierra y mar para ganar discípulos, y una vez hechos los convertimos en dos veces más hijos del infierno que nosotros (Mt. 23.15), especialmente por enseñarles un camino que no salva. Cada vez que enseñamos o creemos que necesitamos algo extra, además de Cristo para ser salvos, transitamos el duro y difícil camino hacia la esclavitud.

Es común escuchar hablar del amor de Dios, pero luego de que alguna persona se convierte, cargar sobre sus hombros un bagaje de prohibiciones llevándolo a vivir una vida de sacrificio, una vida que pretende crear redención por medio de obras éticas.

La parábola de los labradores de la viña es un ejemplo sorprendente del repudio del mérito como base para obtener el favor de Dios, y la parábola del fariseo y del publicano es una exposición de la vana confianza de quienes observan la ley con fines meritorios (Mt. 21.33-46; Lc. 18.9-14). En la economía salvífica de Dios, los valores son diferentes de los del ser humano, pero entender este principio espiritual en el contexto de un mundo en donde todo es por merecimiento, se hace bastante difícil.

Nuestra justicia debe ir más allá que la de los escribas y fariseos. Si así no ocurre, estamos en la misma situación de condenación que ellos. ¿Por qué no debemos crear redención? Simplemente porque ya ha sido hecha, el costo ya ha sido pagado. Si lo hacemos, si intentamos salvarnos por nuestros propios medios, estamos diciendo, directamente, que Dios es un mentiroso (1 Jn. 5.10), al no creer en el testimonio que nos ha dado acerca de su Hijo, cuando dijo: "El que tiene al Hijo, tiene la vida; el que no tiene al Hijo de Dios, no tiene la vida" (1 Jn. 5.12, NVI). No tenemos que cumplir los mandamientos para ser salvos, sino que debemos cumplirlos porque somos salvos. Debemos ser para hacer. El cumplimiento de los mandamientos de Dios es la mejor prueba o garantía de que entendimos el amor de Dios expresado hacia nosotros por medio de la muerte de su Hijo Jesucristo.

No nos equivoquemos, es imposible crear redención, y

cualquier religión que lo intente está directamente en contra de los principios divinos. Con respecto a esto, Fletcher dijo lo siguiente:

> Ninguna predicación abstracta o "de principios" logra jamás que la verdad venga sobre nosotros si somos legalistas o no, pietistas o moralistas. No es la ética en general ni los principios éticos los que pueden decirnos algo verdaderamente significativo; lo que confiere una auténtica significación a nuestras aserciones éticas es lo que añadimos al principio único del amor: "Amor y...", es decir, amor y situaciones concretas.[4]

Entendamos bien, la salvación no la obtenemos mediante la fe en Cristo y la moralidad. La moralidad no debe ser un "agregado" a la suficiencia de Cristo para nuestra herencia eterna, debe ser una consecuencia de ello.

Preguntas para el estudio y la discusión

1. ¿Cómo se podría definir el moralismo, de acuerdo con la opinión de Fletcher?

2. ¿Qué es lo que una persona excesivamente moral está queriendo buscar?

3. Describa brevemente los dos tipos de sentimientos de culpa.

4. ¿Cuál es el eje principal de una persona excesivamente moralista?

---

[4] Fletcher, op. cit., p. 251

La moralidad | 69

5. ¿Cuáles son las cinco características del sentimiento de culpa?

6. ¿Cómo describe el autor la obediencia a los mandamientos de Dios?

7. ¿Qué es lo más importante según Jesús?

8. ¿Qué enseña Jesús al respecto en la parábola de los labradores y en la del fariseo y el publicano?

Actividades de aplicación

1. ¿Cuál es su actitud ante los mandamientos de Dios? ¿Cree que es una obligación el cumplimiento de ellos para ser salvo?

2. ¿Sobre qué aspectos el enemigo ha tratado con sentimientos de culpa en su propia vida? ¿Han sido sentimientos reales o falsos?

3. ¿Qué aspectos de la gracia de Dios le cuesta asimilar en su propia vida espiritual?

6
El intelecto

LOS INCRÉDULOS A MENUDO PROCLAMAN QUE NO creen porque no han tenido una experiencia religiosa que los satisfaga. El misterio de la vida y del mundo se ha convertido para ellos en algo puramente terrestre, religiosamente neutro. Otros admiten la existencia de Dios, pero pretenden desde la finitud de sus mentes tratar de alcanzar a comprender la infinitud de Dios. Esto es como pretender meter el mar dentro de una botella de un litro. Cualquiera de estas actitudes trae como consecuencia, como veremos en el presente capítulo, dudas, pretender humanizar a Dios - es decir, hacerlo a nuestro tamaño - y el deísmo, que significa hacer de la experiencia mística verdadera una religión simplemente natural y no algo sobrenatural como defiende el teísmo. Dios, a expensas de nuestras creencias, es un Dios que está a nuestro alcance para que confiemos en él y no para que lo comprendamos en forma acabada. Algo tan bueno como nuestra capacidad de razonar, elemento que nos distingue de las otras criaturas, puede ser una piedra de tropiezo en nuestro acercamiento a Dios.

> Por eso, una vez más asombraré a este pueblo
> con prodigios maravillosos;
> perecerá la sabiduría de sus sabios,
> y se esfumará la inteligencia de sus inteligentes.
> (Is. 29.14, NVI).

El quinto elemento de desviación de la suficiencia de Cristo que presentamos es el intelecto. Según los diccionarios, el entendimiento es la potencia cognoscitiva racional del alma humana.[1] El profeta Isaías, en la cita que encabeza este capítulo, declara el castigo en un momento en el cual el pueblo israelita quería engañar a Dios por medio de una fe fingida. Estaban los sabios y conocedores de todo que pretendían cuestionar a Dios de una manera quizá sarcástica y malévola, tratando de crear por medio de sus propios intelectos una ética socio-religiosa que estuviera, en primer lugar, de acuerdo con lo que a ellos les parecía bien, y en algunos casos, en segundo lugar, de acuerdo con Dios.

Es interesante notar que la historia se repite hoy, luego de miles de años. Hoy en día encontramos "cristianos" que basan su fe sobre el intelecto; personas que adquieren conocimientos y experiencias que les pueden servir de escudos para defenderse de lo que realmente Dios les está diciendo. Acomodan los principios del cristianismo de una manera accesible para sus propias definiciones, creencias o filosofías vigentes. Además, encuentran excusas hasta para pecar. Pareciera que quieren definir cómo debe ser un cristiano y no aceptan la definición y el modelo ya revelados en las Escrituras. De esa manera, se transforman en los ya conocidos "pseudocristianos". Para ilustrar este punto, por ejemplo, la Biblia nos enseña claramente sobre el tema de las ofrendas y los diezmos; sin embargo, hay cristianos que de alguna manera

---

[1] Real Academia Española, Diccionario de la lengua española, Madrid, 1970, p. 752.

quieren redescribir este tema y acomodar sus billeteras de acuerdo con sus propios criterios de limosnas.

Estos cristianos creen que por conocer se hallan en un estado psíquico especial. Esto se ve con frecuencia en los ambientes universitarios, profesionales o de seminaristas; ambientes en donde se exalta o idolatra el intelecto. A modo de acotación, un porcentaje elevado de seminaristas que intelectualmente sobresalen sobre otros, luego de terminar sus carreras no entran en el ministerio o, lo que es más lamentable aún, se apartan de la fe. En realidad, estas personas no están en un estado psíquico especial, puesto que toda persona tiene la posibilidad de desarrollar el intelecto por el hecho de poseer una mente.

Al pensar encontrarse en ese estado psíquico "especial," distorsionan la esencia y el propósito original del intelecto y creen que por sus capacidades mentales pueden resolver todos los asuntos; y hasta pretenden resolver por ese medio la causa de su propia existencia. Todo eso trae como consecuencia la racionalización de la revelación de Dios. Como señalé en el capítulo anterior, uno de los grandes mitos del siglo XX fue el mito de la educación. Muchos creyeron que la educación erradicaría las injusticias, la guerra y el hambre. Sin embargo, hoy nos damos cuenta de que la educación no lo ha logrado, que el hambre avanzó a pasos agigantados, que las economías se han vuelto más inestables y que en los últimos años murieron más personas en guerras que en varios siglos juntos.

La racionalización es el procedimiento mediante el cual una persona intenta dar una explicación coherente desde el punto de vista lógico, o aceptable desde el punto de vista moral, a una actitud, un acto, una idea, un sentimiento, una creencia. Las personas que admiten que la salvación se obtiene mediante la fe en Cristo, pero dan importancia decisiva a sus capacidades intelectuales, tratan de racionalizar a Dios. Por lo tanto, muchas veces cuestionan las Escrituras y aun las experiencias genuinas con Dios que están fuera del alcance de su entendimiento y comprensión intelectual. Esto causa que el vínculo vital con Dios se disuelva y el mismo Dios se convierta en un ser extraño, irreal e incluso hostil. No pueden aceptar todo lo que sea sobrenatural, lo que "rompe" las leyes conocidas de la naturaleza; por lo tanto, les cuesta creer en milagros.

Por su parte, estos creyentes "intelectuales" se preguntan con frecuencia sobre la realidad de Dios que el raciocinio religioso les ha presentado, porque tampoco ellos tienen una experiencia religiosa profunda (llámese encuentro personal con Jesús), y, por otro lado, niegan el valor de una experiencia personal con Dios. Sin embargo, admiten la existencia de Dios y del Jesús histórico, pero el conflicto que se les presenta es que quieren encontrar a Dios sin estar dispuestos a un cambio de vida, y pretenden que ese encuentro sea lógico y explicable, coherente para su intelecto. En una palabra, Dios no pone las normas de su propia revelación, sino sus intelectos.

Todo este conflicto de racionalización trae básicamente tres grandes consecuencias: dudas, humanización de Dios y deísmo.

Dudas

Tales creyentes "intelectuales" comienzan a dudar de todo. Piensan, y es posible que crean, que la confianza en Dios es únicamente un escapismo o un vuelco para realizarse como personas, o que el mismo sentimiento de culpabilidad los lleva a creer en algo que es trascendente. Además, es posible que crean que confiar en Dios es signo de una falta afectiva que han tenido en algún momento de su vida, o un intento de buscar la carencia de seguridad en un "Dios fuerte".

A su vez, debemos ser realistas y darnos cuenta de que estamos viviendo en un mundo que cuestiona cada vez más la existencia de Dios y, que la relación con él es cada vez menos evidente. Por lo tanto, tiende a hacerse cada vez más rara y menos aceptable la experiencia de un cambio interior en una persona por creer en Jesucristo. Además, este tipo de personas rechaza toda intervención del sentimiento en cuanto a lo religioso. Esto hace que estén confundidos; quieren creer, pero a su vez no pueden dejar de lado la intervención de su intelecto como máquina que procesa todo lo que recibe, y si no es algo que se ajuste a sus criterios de lógica, como que dos por dos son cuatro, no pueden creer. Buscan a Dios, pero a su vez no lo quieren encontrar, y no lo quieren encontrar porque ellos tienen que hacerse como niños y creer con una fe sencilla tal cual Dios se les presenta, tienen que sustituir sus criterios relativos por los absolutos de Dios.

Este tipo de dudas y confusiones da como resultado los famosos "creyentes ateos", aquellos que dicen creer y que a su vez no creen. Un profesor de filosofía de la universidad saleciana de Italia ha dicho que el ateísmo creyente puede admitir tres formas: teórica, práctica y especulativamente práctica.[2]

El creyente "ateo teórico", aunque le falte convicción de la existencia de Dios, al mismo tiempo no excluye la posibilidad de considerarse a sí mismo como creyente. Él se juzga como tal y, sin embargo, no cree en Dios; es decir, en su interpretación global de la realidad no espera una afirmación segura de Dios. Es necesario y conveniente que subrayemos aquí que una fe es real en la medida en que modifica la vida y el comportamiento de una persona, en la medida en que haya un profundo compromiso con el objeto de esa fe. Se puede decir que su realidad consiste, precisamente, en el hecho de que aporta una diferencia en la vida de la persona que la posee. Y esto, a mi manera de ver, constituye el hilo conductor para comprender lo que ocurre en el caso precedente, ya que, partiendo del hecho de que la fe real necesariamente genera una diferencia para el que la abraza, es fácil concluir, entonces, que la fe es la diferencia misma que ella aporta.

[2] Facultad Filosófica de la Universidad Pontificia Saleciana de Roma, El ateísmo contemporáneo I, Madrid, Cristiandad, 1971, p. 372.

Creer en Dios, pues, significa un cambio en todos los valores de la vida. La verdadera fe se exterioriza por completo. El "ateo teórico" actúa como si Dios existiera, aunque piense que no existe o, al menos, aunque no esté seguro de que exista. Una persona de este tipo no sólo acudirá con regularidad al lugar de encuentro, e incluso recibirá los sacramentos, sino que responderá afirmativamente y sin vacilar cuando se le pregunte si cree en Dios, ya que para tal persona, los símbolos tienen mucha importancia, pues la realidad, esto es, Dios, no es clara. Tanto el acudir al lugar de encuentro como todos los demás símbolos constituyen, precisamente, mucho o toda su creencia práctica en Dios. Así, pues, la fe y la práctica de esa persona constituyen un todo único. Piensa que "creer en Dios" significa "comportarse religiosamente". Además, piensa que es algo beneficioso para sí misma comportarse religiosamente. [3]

No cabe la menor duda de que esto se ve con frecuencia en nuestras congregaciones; tampoco nosotros estamos excluidos de caer en una situación similar. Dios nos pide una confianza plena, sin dudas, porque fe con dudas es "como las olas del mar, agitadas y llevadas de un lado a otro por el viento" (Stg. 1.6, NVI).

El creyente "ateo práctico" es aquel cuya afirmación de Dios no influye en modo alguno sobre su determinación de cómo debería comportarse. También en este caso el punto determinante está en el hecho de que tal persona no sabe que debería obrar de una manera distinta de como obra. Lo mismo que el "ateo teórico", tiene la conciencia tranquila. La diferencia estriba en que, mientras el creyente "ateo teórico" puede articular o no su falta de fe en Dios, el "ateo puramente práctico" no es capaz de articular la escasa importancia de Dios en sus decisiones de lo que debería ser y hacer, ya que una formulación de esa falta de importancia convertiría de inmediato a quien la lleve a cabo en un "ateo

---

[3] Ibíd., p. 372.

especulativamente práctico". El "ateo práctico" posiblemente tampoco niegue la existencia de un Dios, de algo sobrenatural, pero vive inconscientemente en una indiferencia total hacia Dios. En cierta manera, con sus hechos niega la existencia de Dios. El "ateo especulativamente práctico" es, por consiguiente, aquel cuya concepción del mundo comprende una afirmación de Dios, pero que, al mismo tiempo y de buena fe, niega la importancia de Dios en la determinación de lo que debe hacer. Es posible que vea a Dios como los deístas. Lo que sí niegan este tipo de creyentes es la importancia de consultar con Dios para las distintas actividades que puedan desarrollar.

Humanización de Dios

Para entender esta consecuencia, sería conveniente describir en pocas palabras al ser humano. Como bien sabemos, y también lo admiten psicólogos, antropólogos, sociólogos y otros estudiosos del ser humano, la humanidad no es perfecta, el ser humano es limitado, inconstante, vulnerable, se equivoca, es débil en muchas áreas, mortal e intrascendente (para la gran mayoría).

Partiendo también de la base de lo que el ser humano es, con atributos y cualidades tan prominentes, podemos entender lo que significa humanizar a Dios. A la humanización de Dios se le puede dar dos interpretaciones: una, la correcta, es que Dios se hizo hombre por medio de la encarnación de su Hijo Jesucristo, fue un hombre perfecto, sin pecado, y a la vez no dejó de ser Dios; dos, la que queremos analizar, es aquella en que el hombre concibe a Dios como un ser mayor, pero semejante a los hombres, con todas sus cualidades, imperfecciones, atributos e, incluso, con una filosofía de vida similar o compatible.

Analizando nuestra sociedad, nos daremos cuenta con qué frecuencia y cuán impregnados estamos de esta filosofía. A través de revistas, diarios, cine, televisión, Internet, música, somos influenciados por esta corriente "pseudocristiana" de la cual en muchas ocasiones nos cuesta escapar. Es interesante analizar las letras de canciones en donde se resalta la humanización de Dios. Esto lo vemos con mayor frecuencia en los cantantes modernos, tanto argentinos como internacionales. Lo mismo vemos en la ética de situación y en las teologías de la liberación, que tratan de humanizar a Cristo al punto de querer entenderlo intelectualmente, ya sea su vida, sus milagros, su nacimiento virginal, su muerte y su resurrección.

Cuando humanizamos a Dios y lo vemos como a uno más de nosotros, con todas sus debilidades, limitaciones, etc., es factible que tampoco depositemos nuestra confianza plena y absoluta en él, porque ¿cómo pretenderemos que alguien que se encuentra en nuestra misma situación pueda salvarnos? Por lo tanto, esa actitud filosófico-religiosa nos permite vivir de acuerdo con nuestros propios criterios, según nuestra propia ética de vida. Pues, en definitiva, al humanizar a Dios se borra de nosotros toda noción de un ser supremo, divino y justo, de un Dios que va a castigarnos o juzgarnos en algún momento. Por lo tanto "transformamos" a un Dios absoluto en uno relativo, como también a sus principios. Además, al humanizar a Dios las personas viven el hoy sin pensar en el más allá, como dirían algunos antiguos, "comamos y bebamos que mañana moriremos" (1 Co. 15.32, NVI). Así, se piensa: "¿Por qué pensar en el más allá, si Dios es tan 'mortal' como nosotros, o si todo lo nuestro se acaba con la muerte?". Este concepto data aun del tiempo de los griegos. Posiblemente los judíos de aquellos tiempos, como consecuencia de las teofanías de Dios (apariciones visibles), hayan propagado un concepto similar. De hacerlo, se habrían olvidado que Dios no dejó ningún vestigio de un ser humano caído.

Deísmo

El teólogo Franz König define el deísmo de la siguiente manera:

Una designación adoptada por la doctrina filosófico-religiosa de la Ilustración, difundida en los siglos XVI-XVIII, la cual, aunque reconocía la existencia de un Dios creador, negaba toda ulterior intervención suya en el acontecer diario del mundo, la conservación de la creación por obra de Dios, el concurso de éste en la operación de las criaturas, la providencia y el gobierno de Dios, y mucho menos el milagro y la revelación sobrenatural. Dios es trascendente, pero no inmanente. [4]

Por su parte, el profesor Lacy escribe lo siguiente con respecto a esto:

Según la teoría deísta, todas las cosas se refieren al propósito original de Dios. Él creó todas las cosas y determinó que continuaran en existencia según las leyes que el mismo había impreso sobre ellas en el principio. "No hay necesidad, dicen ellos, de suponer una intervención continua para conservarlas; es suficiente que él no quiera que dejen de existir." Según esta teoría, Dios está sentado en su trono en los cielos como un mero espectador del mundo y de sus operaciones; y no ejerce ninguna influencia directa en sostener las cosas que él ha hecho. [5]

Sobre esta base podemos decir, entonces, que la religión es cosa de la razón natural, no de una fe sobrenatural. Al no existir relación viviente alguna entre el ser humano y Dios, desaparece también nuestro deber de adorar a éste, y la esencia de la verdadera religión es traspuesta al dominio de la conducta, que ha de obedecer a los dictados de la moral y de la razón. La religión queda, consecuentemente, vaciada de contenido y, de hecho, suprimida.

[4] Franz König, Diccionario de las religiones, Tomo. I, Barcelona, Herder, 1964, p. 346.
[5] G. H. Lacy, Introducción a la teología sistemática, El Paso, Casa Bautista de Publicaciones, 1972, p. 137.

En el campo cristiano se adoptó el término "teísmo" para designar la fe en un Dios viviente y actuante, en contraposición a la vaga creencia en el Dios del deísmo, que no es inmanente. En el caso de los deístas, el ser humano deja a Dios por razones inversas al "Dios casi humano". Lo deja porque lo ve distante, indiferente a los problemas de la humanidad, porque ve al mundo fatalmente, como a una máquina sin conductor, que no se sabe dónde ni cómo terminará.

Todas las ideas correctas de Dios afirman que él es un ser infinito en su inteligencia y poder. La fatalidad no encuentra lugar en el universo de Dios, porque con su inteligencia gobierna correctamente todas las cosas.

Las teorías deístas están claramente en contra de cómo la Biblia presenta a Dios, porque en todas las Escrituras Dios no se presenta como un Dios lejano, aunque en cierto momento pregunta a su pueblo: "¿Soy acaso Dios sólo de cerca? ¿No soy Dios también de lejos?" (Jer. 23.23, NVI). Él siempre está presente con sabiduría y con poder. Continuamente las Escrituras lo presentan estando en contacto, al tanto del acontecer del mundo, y que si en algún momento él se retirara, todo dejaría de existir. La teoría deísta también implica que las cosas una vez creadas no dependen de Dios, que tienen en sí un principio de vida originalmente derivado de Dios, pero capaz de continuarse y desarrollarse sin la ayuda de él. Las Escrituras, por su parte, presentan a Dios como la fuente de la vida, como el sostén de todo y que las cosas o seres que no están en contacto y comunión con él, pierden la vida. El apóstol Pablo dice que todas las cosas subsisten en él (Col. 1.17).

Los creyentes deístas, como vimos, admiten la existencia de un Dios, pero lo ven muy lejano, quizá como un viejito de barbas blancas sentado y preocupado al ver las diabluras de sus traviesos hijos aquí en la tierra, pero sin intervenir para nada. En contraposición a la consecuencia de la anterior racionalización de Dios, los deístas creen en la indiferencia de Dios hacia nosotros y, como consecuencia, nuestra indiferencia hacia él.

Es común escuchar a personas que se preguntan: ¿Por qué Dios no interviene en tal o cuál situación? Si realmente existe Dios, ¿dónde está? ¿Por qué permite tantas injusticias, tantas muertes, guerras y hambres? Al cuestionar de esta manera, tales personas están trasluciendo, inconscientemente, algo de esa filosofía. Les cuesta creer que Dios está activo hoy en el universo, les cuesta creer que es un Dios personal, afectivo, omnipotente, omnisciente y omnipresente. Les cuesta creer que Jesucristo ha resucitado al tercer día y que es el mismo hoy, como lo fue ayer y como lo será por los siglos de los siglos.

Esto trae como resultado el que sigan viviendo como lo estuvieron haciendo hasta este momento, "Total, Dios no interviene". Como a él no le importa nada de lo que nos pasa, "Yo hago la mía y él la suya; yo aquí abajo y él allá arriba, y se acabó el problema".

¿Qué es lo que pasa? El problema radica en que estas personas, como las que humanizan a Dios y las que tienen dudas, quieren entender a Dios solamente por medio del intelecto. El intelecto para ellos se ha transformado en un filtro que retiene lo que les conviene y deja seguir aquello que les resulta incomprensible o inconveniente. El intelecto para ellos ha llegado a ser la verdadera autoridad. En términos espirituales, el intelecto se ha convertido en un baal. Lo relativo juzga a lo absoluto; esto es ridículo. Esto no es posible. Nuestra mente es finita como para poder comprender a un Dios infinito. Nuestra mente es imperfecta, por lo tanto, no podemos entender sólo por su medio a un Dios que es perfecto. Y lo más lamentable es que muchas instituciones teológicas en el afán de un alto grado académico terminan haciendo del intelecto un baal, lo que impide que los que son formados puedan desarrollar una fe sencilla y a su vez profunda en Cristo.

Para concluir este capítulo, tenemos que el intelecto puede ser utilizado para desviarnos de la sola fe en Cristo para nuestra salvación, ya que por tal medio el ser humano quiere encontrar una explicación del asunto de acuerdo con su lógica. Trata de racionalizar a Dios y lo deforma por relativizarlo. De ese modo, sufre consecuencias que, en definitiva, lo alejan más de Dios, pues lo llevan a adorar a un ser relativo, que, por serlo, no es Dios. Como manifesté al comienzo de este capítulo, Dios hace desaparecer la sabiduría de los sabios y desvanece la inteligencia de los entendidos, cuando éstos quieren entenderlo solamente por este medio: el intelecto. No es posible tener una buena relación con Dios y conocerlo bien sólo con el intelecto. El evangelio de Cristo no es únicamente entendido con la razón, hay un elemento que es muy importante para ello: la fe.

Preguntas para el estudio y la discusión

1. ¿Cómo define el autor el intelecto?

2. ¿Cómo se podría definir la racionalización?

3. ¿Cuál es la tendencia natural de los racionalistas con relación a una experiencia personal con Dios?

4. ¿Cuáles son las tres consecuencias básicas del racionalismo que presenta el autor?

5. ¿Cómo definiría la duda?

6. ¿Cómo definiría la humanización de Dios?

7. ¿Cómo definiría el deísmo?

8. ¿A qué se refiere el autor cuando dice que el intelecto puede funcionar como un filtro?

9. ¿Qué otro elemento es necesario para tener una buena relación con Dios?

Actividades de aplicación

1. ¿Qué lugar ocupa el intelecto en su propia experiencia con Dios?

2. ¿Qué cosas positivas y qué cosas negativas puede destacar del uso de su propio intelecto con relación a su comunión con Dios?

3. ¿Cuál es la imagen que tiene de Dios? ¿Cómo describiría a Dios en una frase breve?

7
Las relaciones interpersonales

PUEDE UNA PERSONA CONOCER A DIOS SIMPLEmente asumiendo un compromiso con el prójimo, independientemente de una relación personal con Dios? En el otro extremo, ¿puede una persona pretender que conoce perfectamente a Dios, aun cuando cierra su corazón para con los que están solos, desamparados, hambrientos y necesitados? ¿Dónde está el secreto o el motor de una vida plena de amor a Dios y al prójimo? ¿Es posible amar a Dios y a nuestro prójimo, como lo establece Jesús? ¿Cuáles son los ingredientes filosóficos, sociológicos y religiosos que nos han alejado de la verdadera motivación de nuestro servicio al prójimo? Éstos y otros planteamientos serán abordados en el presente capítulo.

Hermanos, sigan mi ejemplo y fíjense también en los que viven según el ejemplo que nosotros les hemos dado a ustedes. Ya les he dicho muchas veces, y ahora se los repito con lágrimas, que hay muchos que están viviendo como enemigos de la cruz de Cristo y que acabarán por ser destruidos. Su Dios son sus propios apetitos y sienten orgullo de lo que debería darles vergüenza. Sólo piensan en las cosas de este mundo. En cambio, nosotros somos ciudadanos del cielo, y estamos esperando que del cielo venga el Salvador, el Señor Jesucristo, que cambiará nuestro cuerpo miserable para que sea como su propio cuerpo glorioso. Y lo hará por medio del poder que tiene para dominar todas las cosas (Fil. 3.17-21, VP).

Aclaración del término y metodología

Entendemos por relación horizontal el compromiso del ser humano con el ser humano. Aquí lo aplicamos como "agregado" en el sentido de que este compromiso, para muchos, es un agregado para lograr la salvación eterna. No estamos queriendo decir que los cristianos no debemos preocuparnos por nuestro prójimo, ese compromiso es parte del evangelio, pero no para lograr la salvación, sino como una consecuencia de ella.

El apóstol Pablo es bastante claro en el pasaje precedente; y si analizamos nuestra sociedad hoy, veremos que este mensaje es tan actual como lo fue hace ya casi dos mil años.

Quisiéramos aclarar aquí algo, para luego poder desarrollar este punto de la relación horizontal: así como lo dijo el apóstol Pablo, hombre inspirado por Dios, la verdadera ciudadanía (*políteuma*, en griego) del creyente está en el cielo. Este mundo no es el lugar espiritual del creyente, porque este mundo, para nosotros, es como los hoteles de paso que conocemos; además, está dominado por Satanás (1 Jn. 5.19b; 2 Co. 4.4; Ef. 2.2). En el último capítulo ampliaremos más este concepto.

Antecedentes o condicionamientos filosóficos

Humanismo

Es indudable que la secularización está dominando a pasos agigantados a la humanidad. Por esta causa, la iglesia de Jesucristo ha sido influenciada por esta corriente teológico-humanística, que ha tergiversado en evangelio de Jesucristo, sometiéndolo básicamente a una relación horizontal, descartando todo tipo de relación vertical entre Dios y el ser humano. En algunos casos sostiene, incluso, que la salvación se obtiene mediante la fe en Cristo y el compromiso del ser humano con el ser humano. De una religión cristocéntrica se ha pasado a una religión antropocéntrica. Desde el punto de vista bíblico, éste es uno de los engaños más grande que el enemigo ha logrado en nuestro tiempo, ya que por medio de esta ideología se cree que el ser humano es bueno y que el mundo se irá perfeccionando hasta que un día reine la paz, el amor y la justicia, como consecuencia de la labor humana.

En nuestra época, la vida humana ha estado, por definición, secularizada en todos los dominios (político y cultural, moral y religioso). El mundo está bajo el domino satánico, entonces, ¿qué podemos pretender?, ¿qué el mundo siga las pisadas de Cristo y de toda su enseñanza? Al contrario, el mundo nunca siguió ni seguirá los caminos de Dios. Satanás fue y seguirá siendo el enemigo acérrimo de Cristo, de su obra y de sus embajadores aquí en la tierra. Pero ¿qué de la iglesia cristiana?, ¿hasta qué punto los cristianos no estamos abrazando y aferrándonos a la secularización o a las cosas terrenales y pasajeras? ¿Hasta qué punto nosotros, los cristianos, no tenemos como dioses a nuestros propios deseos y apetitos?

La palabra "desmitologización", muy promovida y utilizada por el teólogo Rudolf Bultmann, no es más que un débil eco de lo que pasa delante de nuestros ojos y en nuestros corazones. La atmósfera en la que vivimos está marcada por un rechazo a Dios, tanto en el dominio del pensamiento como en el de la acción.

La historia de la humanidad moderna está caracterizada desde hace siglos por esta tendencia. A partir del siglo XVIII, todos los grandes pensadores y escritores tienen en cuenta poco a Dios y sitúan al ser humano en la frontera entre la fe y la incredulidad. El mismo Dios de Hegel y el Cristo de Tolstoy reflejan el esfuerzo titánico del mundo moderno para aprehender la persona de Dios y volverse su amo, o, como vimos en el capítulo anterior, tratar de humanizar a Dios y dejarlo a nuestra propia semejanza, débil y pecaminosa.

Quizá tengamos que aceptar una realidad bastante dolorosa y preguntarnos si es posible hablar hoy en día de inquietud de las personas frente a las cosas del Dios verdadero. Tendríamos que preguntarnos si los seres humanos no se han acostumbrado a ese vacío. No tenemos derecho, como dice Hromadka, de hablar de una lucha titánica contra Dios, ya que no se toma en serio al Dios en el que confían los cristianos. [1]

Secularización

Cuando pretendemos tener una vida únicamente en relación horizontal, caemos indefectiblemente en el humanismo, que da a entender el fenómeno de un "mundo que se vuelve mundano y profano", una comprensión del mundo teórica y prácticamente sin Dios. Si el cristiano pierde la visión de que no es de este mundo y se enreda en los negocios del mismo, no está cumpliendo el rol de embajador, al cual ha sido llamado por Dios. El peligro de la teología de la prosperidad es justamente éste, enfatizar tanto que Dios quiere prosperarnos en esta tierra que el creyente pierde la dimensión de la eternidad.

Con respecto al mundo secular, Hans Küng, en su libro Ser cristiano, ha dicho lo siguiente:

---

[1] Josef Hromadka, Evangelio para los ateos, Montevideo, Tierra Nueva, 1970, p. 85

El hombre quiere hoy, ante todo, ser hombre, no un superhombre, pero tampoco un infrahombre. Enteramente hombre en un mundo lo más humanamente posible. ¿No es asombroso cómo el hombre se ha vuelto capaz de manipular al mundo, como ha osado dar el salto al universo, al igual que antes se había atrevido a descender a las profundidades de su propia psique? ¿Y que con ello ha sometido a su dominio muchas cosas, todas casi, que antes eran de exclusiva competencia de Dios o de fuerzas y espíritus supramundanos o sobrehumanos, que se ha hecho, en fin, verdaderamente adulto? A esto nos referimos cuando hablamos de un mundo secular, mundano. En otro tiempo, secularización significó el paso de las posesiones eclesiásticas al dominio secular de hombres y estados, que tuvo un sentido primordialmente jurídico-político. Hoy, sin embargo, no sólo buena parte de los bienes eclesiásticos, sino la mayoría de los ámbitos decisivos de la vida humana, ciencia, economía, medicina, política, derecho, estado, cultura, bienestar social, se han sustraído a la influencia de las iglesias, de la teología y de la religión, quedando sometidos a la directa responsabilidad y disposición del hombre actual, "secularizado". [2]

Sin duda alguna, el acercamiento de Küng es acertado en su opinión al respecto de la realidad del mundo actual. Y lo más lamentable es que mientras el mundo secularizado decide el rumbo de la historia, muchas veces nosotros, los cristianos, nos contentamos simplemente con reunirnos o con construir la megaiglesia de nuestra ciudad y perdemos el enfoque del evangelio, que es que nuestro testimonio afecte a nuestra familia, comunidad, barrio, país, mundo. En otras palabras, nosotros, los cristianos, deberíamos estar en condiciones de marcar el rumbo de la historia. Siguiendo este mismo pensamiento, Hans Küng agrega:

[2] Hans Küng, Ser cristiano, Madrid, Cristiandad, 1977, p. 23

Casi al mismo tiempo que la tierra dejó de ser el centro del universo, comenzó el hombre a considerarse a sí mismo como el centro de un nuevo universo, el mundo humano que él había creado. En un proceso de varios siglos, tal como lo analizó el gran sociólogo de la religión y pionero Max Weber, ha ido el hombre asumiendo su soberanía: experiencias, conocimientos, ideas, que originariamente se obtuvieron de la fe cristiana y a ella estaban inseparablemente vinculados, fueron pasando a disposición de la razón humana. Los distintos ámbitos de la vida fueron vistos cada vez menos desde el supramundo o mundo de la trascendencia. Fueron, al contrario, entendidos desde sí mismos y explicados según sus propias leyes inmanentes. A éstas, y no a las instancias supramundanas, se fueron ajustando cada vez más las resoluciones y configuraciones del hombre.

Sea deplorable o plausible, se diga de esta o de otra manera, los residuos de la Edad Media cristiana parecen hoy, hasta en los países tradicionalmente católicos, completamente liquidados, al mismo tiempo que se emancipan los ámbitos seculares de la supremacía de la religión, del control de las iglesias, de sus dogmas y ritos, incluso de la interpretación teológica.[3]

Hans Küng continúa hablando luego sobre este tema y dice que si la emancipación es el hilo conductor de la historia de la humanidad, para fines del siglo XX el mundo sufriría un nuevo viraje espiritual y una nueva conciencia, con una actitud de parte del ser humano menos racionalista y optimista frente a la ciencia y a la técnica, la economía y la educación, el estado y el progreso. Y en lo referente a la religión y la teología, Küng advierte que la iglesia no sólo se ha resignado a aceptar el proceso de secularización, sino que de alguna manera ha ejecutado un enérgico giro

---

[3] Ibíd., p. 23

de orientación hacia él, especialmente en los años posteriores al Concilio Vaticano II y a la nueva orientación que tomó el Consejo Mundial Ecuménico.[4]

Küng ha sido fuerte y enérgico en sus declaraciones y aunque éstas ya tienen más de un cuarto de siglo, las mismas siguen retumbando en nosotros y nos hace preguntar: ¿Qué de la iglesia evangélica? ¿Hasta qué punto no somos influenciados por toda esta corriente mundana que quiere acomodar el cristianismo a sus propios intereses, y si no lo puede hacer, lo descarta directamente? Dios ha desafiado a cada cristiano a ir en contracorriente y no dejarse arrastrar por cualquier viento de doctrina. El riesgo está en los dos extremos, en aquellas corrientes teológicas de las iglesias más conservadoras, como también en aquellas corrientes teológicas más neopentecostales, en donde el énfasis en la prosperidad para el aquí y el ahora, muchas veces, se transforma también en un teología antropocéntrica.

Existencialismo

Además del secularismo tenemos el existencialismo, en donde el cristianismo es uno de los temas implícitos. Lo importante para esta corriente es la filosofía del ser humano. Esta filosofía es del ser humano y para el ser humano. Por lo tanto, tenemos que saber qué significa, según los exponentes de esta filosofía, que el ser humano exista.

- En primer lugar, dicen que el ser humano descubre, al existir, que está en el mundo. No se concibe al ser humano sin mundo ni al mundo sin el ser humano: porque la corona de la creación fue y es el ser humano.
- Otro descubrimiento que hace el ser humano es que ya se

[4] Ibíd., p. 24

encuentra colocado en el mundo. Como lo dice Canclini, "ha sido arrojado, tirado en el mundo y ya existe, quiéralo o no. No puede elegir el existir o no, porque la existencia ya le ha sido dada".[5] El ser humano está, pues, según esta teoría condenado a existir, pero también condenado a elegir la forma en que ha de existir, con quién se ha de relacionar y cómo. Y va formando así su esencia.

- Además, otro descubrimiento que hace el ser humano, es que los demás existen. Todos ellos tienen una relación conmigo, yo "trazo" mi existencia de acuerdo con la relación que elijo. A algunos los tomo en cuenta y a otros no. Entre esos seres existentes, cuya relación conmigo debo elegir, está Dios. Yo puedo elegir a Dios para que forme parte de mi existencia, hacerlo un amigo o serle indiferente. Al no elegir a Dios, o al no reaccionar positivamente al llamado de Dios, como habíamos expresado anteriormente, el ser humano se mete en una oscura noche, pero al reaccionar positivamente a su llamado, cuando lo eterno irrumpe en nuestra vida, es entonces que damos un salto y salimos de esa noche de tinieblas a la luz de un nuevo día, a un amanecer en crecimiento.

Heidegger, un exponente de esta filosofía, decía que el ser humano puede existir de dos maneras: una en la impropia, la del constante caer al anónimo, y la otra es la que afirma la individualidad, luchando a cada instante una lucha sin esperanzas, porque la tendencia es siempre abajo y el fin es siempre la muerte, una noche más oscura aún. Si Heidegger no hubiera suprimido a Dios de sus consideraciones, estaría en ese sentido de acuerdo con Kierkegard, precursor del existencialismo.

Es por eso que en cada instante la vida se juega entera, es una lucha continua. Produce el "cuidado" del que habla Hei-

---

[5] Arnoldo Canclini, *Cristianismo y existencialismo*, Buenos Aires, Certeza, 1972, p. 63

degger y requiere la "pasión" sobre la cual insiste Kierkegard. Este último afirma que sólo por medio de la pasión y de dar el "salto" nos podemos librar de lo anónimo. [6]

A modo de resumen, entonces, podemos decir que el existencialismo sostiene que el ser humano es un ser libre, que traza su propia existencia y elige su situación. Al hacerlo, se encuentra lanzado, derramado en el mundo, y siente la necesidad de algo que lo sostenga y lo salve de caer en ese mundo anónimo u oscura noche. Hay para él, entonces, uno de estos dos caminos: o se eleva lanzándose en los brazos de Dios, incluyéndole en la situación que traza para sí, respondiendo positivamente al llamado amoroso de Dios; o niega su existencia o es indiferente a su llamado y a la búsqueda de Dios, y cae hacia la nada o hacia la muerte.

Según dicen ellos, casi todos los seres humanos tienden hacia Dios, tienen "hambre de Dios", pero, sin embargo, no pueden o no quieren establecer comunión con él, hacerlo parte de su existencia. Aquí hay algo que está fuera de lugar. Si el mundo está bajo el dominio del maligno, entonces podemos concebir la idea de que todos los seres humanos tienden hacia el enemigo (y no hacia Dios), porque están bajo su dominio, salvo una intervención de la gracia divina, que esté buscando y queriéndose encontrar con las personas que aún están bajo el dominio del e-nemigo. De hecho, no hay otra posibilidad. Para ello Dios puede utilizar distintas circunstancias por las que debe pasar una persona para detenerse, para dejar de escapar de Dios y permitir que Dios controle su vida. Caso contrario, el ser humano se pierde en la densa oscuridad de la noche.

A nuestro entender, el existencialismo no toma ninguna de las posiciones extremas. No niega a Dios, pero tampoco confía totalmente en él para su salvación. Reconoce la existencia de Dios, pero no se lanza en los brazos de su amor. Ve a Dios como

[6] Ibíd., p. 66

algo importante, pero también ve a las relaciones con los seres humanos, como parte complementaria para la salvación.

La relación horizontal y la filosofía existencialista son otra de las razones por las cuales la fe es desviada de Cristo. Estamos oprimidos por esta corriente y nuestra fe se desvía de Cristo, quizá por una lucha sociopolítica-económica. Cada nación quiere defender sus ganancias egoístas y su bienestar, lo que trae como consecuencia el materialismo.

En el mundo hubo y habrá siempre una explotación del ser humano por el ser humano, o del estado hacia el ser humano, bajo cualquier sistema político. La humanidad buscó, busca y buscará siempre satisfacer sus propios deseos y ambiciones, su dios fue, es y será, a mayor o menor escala, el dinero y el poder; y con ello cree conseguir o extorsionar a Dios para que le dé la salvación.

La persona cuya fe es desviada de Cristo por este motivo, consecuentemente se aferra a las cosas de aquí, a las cosas terrenales, materiales, porque trata de ser alguien, de realizarse como persona por ese medio. Su objetivo será el éxito, el logro, el triunfo, el querer tener poder, pero a su vez tratará aplacar la ira de Dios por medio de la caridad. Para llegar a eso utilizará distintos recursos, aunque diga ser cristiana.

El secularismo y la teología de la liberación están muy estrechamente ligados. Esta corriente teológica, en cierta manera, sostiene la vida de la gracia del Nuevo Testamento, instituida por Jesucristo, pero se olvida de la relación vertical, es decir, esa relación personal con Dios como único medio para lograr un profundo cambio interior. Aunque sostenga una ética de vida, hace fuerte hincapié en la relación horizontal, en el compromiso del ser humano con el ser humano como "agregado" a la salvación.

Condicionamientos políticos y teológicos

En casi todos los países europeos, antes de hablarles de la salvación en Cristo, hay que convencer primero a la persona de la existencia de un Dios, de un Dios real, activo y personal. Para muchos de ellos el estado es su dios, ya que les permite tener un trabajo, una buena casa, un auto y un buen pasar. Mientras que en América Latina, y en algunos otros continentes, aún existe la conciencia de un ser supremo, tergiversada o no. ¿Qué podemos pretender de nuestras sociedades, especialmente de ciudades grandes como Buenos Aires, Río de Janeiro, México, Bogotá, etc., de aquí a algunos años? Posiblemente nos encontremos en la misma situación que los países europeos y otros. Varios estratos de nuestra sociedad han dejado y están dejando de interrogarse sobre Dios. Los obreros por las injusticias y opresiones no pueden concebir la existencia de un Dios justo, un Dios de amor, un Dios poderoso. Por otro lado, tenemos a la denominada clase media (que está pasando a ser la minoría) que no tiene tiempo de pensar en Dios, porque su mente está muy ocupada en saber cómo esquivar la problemática económica para no caer en el estrato de los oprimidos, al igual que los clubes de fútbol cuando están por descender de categoría. Y en tercer lugar están los grandes capitalistas y empresarios, las multinacionales, los de la alta sociedad, los que oprimen y exprimen, tanto a la clase obrera como a la clase media y aun a ellos mismos. Esta clase social se ha acostumbrado a vivir sin Dios, se ha acostumbrado a no pensar en él y se ha autoconvencido de que su dios es el dinero, la fama y el poder.

No nos equivoquemos. Nuestra sociedad es más atea de lo que aparenta ser, aunque nos cataloguemos como un continente cristiano. Al menos en la práctica no lo demostramos. Si queremos ser un tanto fatalistas, aunque puede ser la realidad, podemos decir que desde el punto de vista religioso, la humanidad ha entrado en una larga noche que, a medida que pasan las generaciones, va siendo cada vez más oscura y cuyo fin no podemos aún divisar. Bien sabemos que el mundo no lo ve así. Al contrario, cree que el ser humano va progresando, que el descubrimiento científico de la clonación y del mapa del ADN de la persona lo está perfeccionando; aunque los científicos, por su parte, los sociólogos y los ecólogos, los que son sinceros, bien saben que el caos está cerca, que este planeta no da para mucho más. Por otro lado, muchos cristianos vislumbran un gran avivamiento en el ámbito del continente y del mundo.

Lamentablemente la iglesia cristiana, por medio de su ética apoya la catástrofe. Esto refleja una falta de conciencia y de entendimiento de lo que realmente Jesús había enseñado y advertido.

Condicionamientos culturales

Cuando se hace demasiado énfasis en la relación horizontal, pueden ocurrir actitudes como las que describiremos a continuación.

Logro por competencia individualista

Heidegger hablaba acerca del anonimato y de la lucha individualista dentro del sistema existencialista. Considero yo que la persona que no tiene una fe real, o se desvía de la sola fe en Cristo, no concibe la idea del trabajo o logro comunitario. Para este tipo de personas, la competencia en el ámbito individual es el único camino para llegar al logro, a ser alguien, a realizarse como persona. Nunca va a entablar negocios o relaciones con personas de las cuales no podrá sacar algún provecho personal, y en medio de esa competencia individual toda posible intromisión que no le permita llegar a su meta es un estorbo, y, por ello, hará todo lo posible para sacarla de su camino.

Esto no lo vemos sólo en el ámbito mundano o secular,

sino que también se da, lamentablemente, en la iglesia. Con frecuencia nos encontramos con cristianos que están luchando individualmente para lograr su salvación o para conseguir algún puesto clave dentro de la congregación, y si algún otro creyente se le cruza en el camino tratará, por todos los medios, de dejarlo fuera del carril (murmuraciones, chismes, acusaciones, etc.), para continuar en su lucha para llegar a la meta establecida.

La iglesia de Cristo está llena de superestrellas espirituales que manifiestan tener una determinada exclusividad espiritual o poseer el teléfono directo de la oficina de Dios. Desafortunadamente, hoy en día vemos demasiado énfasis en el logro espiritual individual, más que en el desarrollo maduro y profundo de una comunidad de fe, de una iglesia como cuerpo que va creciendo en el conocimiento de Cristo. De la misma manera, si esto lo llevamos al plano de la salvación, hay cristianos que quieren conseguirla por sus propios medios, y, si no es posible de esa manera, por lo menos pretenden colaborar con Dios.

Caro, pero mejor; nada se regala

Éste también es uno de los grandes engaños en la actualidad. Vemos esta filosofía a través de publicidades de productos y artículos: "caro, pero el mejor". Por lo tanto, las personas materialistas que quieren realizarse como personas siguen ese camino. Es posible que hayan podido comprar el mismo artículo a menor precio en otra casa de ventas, pero pagaron más caro por el nombre de la casa en donde compraron. Esto es un engaño. No todo lo caro es lo mejor. Y lo mismo vemos con los nombres de famosas tarjetas de crédito. Muchos no saben que terminan pagando más caro por un servicio similar o de menor calidad de lo que podrían pagar con otras tarjetas no tan conocidas. Este tipo de pensamiento, "caro, pero mejor", nos lleva al siguiente pensamiento filosófico: "Nada se regala, todo se paga; todo se gana por mérito propio".

Trasladando este concepto a lo que nos atañe, la idea sería la siguiente: lo bueno (la salvación) me debe costar caro (no se regala). Es imposible que pretendamos que tales personas crean que la vida eterna, que es lo mejor de lo mejor, sea un regalo. Desde pequeños educamos a nuestros hijos en que todo en la vida tienen que ganarlo. La madre le dice a su hijo pequeño: "Pórtate bien y te compraré un regalo". En la escuela bíblica muchas veces se les dice a los niños: "El que menos faltas tenga, a fin de año recibirá un regalo", o "El que más amiguitos trae a las clases bíblicas, recibirá de regalo una Biblia". El padre dice a su hijo/a adolescente: "Si apruebas la materia, te compraré la nueva computadora". No estoy diciendo que esté mal, lo que sí estoy diciendo es que desde temprana edad el ser humano está educado por medio del sistema retributivo al logro personal. Luego a esa persona se le presenta Dios con el ofrecimiento gratuito de la vida eterna en Cristo Jesús, y no lo puede creer por su condicionamiento psicológico y emocional. Cuando finalmente lo acepta, pretende de una u otra manera retribuirle al Dador. Eso no hace falta. Cuando Dios dice que la vida eterna es un regalo, es así, y pretender pagarle o retribuirle es ofender su amor. Lo que sí sabemos es que creer en Cristo no es algo pasivo, sino que es algo activo, dinámico. Cuando Jesús dice que él es "el camino, y la verdad y la vida..." (Jn. 14.6, NVI) no lo hace como una declaración abstracta, quieta y pasiva, sino que implica dinamismo. El que cree en Cristo tiene un camino que caminar, una verdad que confiar y una vida para vivir en Cristo.

Promoción y principios seculares

Esto es lo más común y actual que encontramos. ¿Usted quiere sentir el placer de vivir y realizarse? Cómprese el nuevo auto. ¿Quiere usted tener éxito con las mujeres? ¿Quiere sentir el placer de la aventura? Fúmese tal marca de cigarrillos. ¿Quiere sentir el placer de un buen desayuno con su familia? Beba esta clase de leche con aquella marca de café. ¡Cuidado! Los cristianos no estamos exentos de caer en este tipo de filosofía. Hay muchas instituciones cristianas o iglesias que se promocionan con principios seculares. Hay muchas personas que estudian en ciertas instituciones teológicas, dentro o fuera de su país, para tener prestigio dentro de la congregación o frente a la sociedad, o para tener frente a Dios obras meritorias de salvación. Hoy en día notamos un fuerte énfasis en los sentimientos como una demostración de la presencia de Dios. Nuestros sentimientos, en muchos casos, determinan si Dios estuvo presente o no.

Vuelve nuevamente a nosotros lo dicho por Pablo: "No se amolden al mundo actual, sino sean transformados mediante la renovación de su mente. Así podrán comprobar cuál es la voluntad de Dios, buena, agradable y perfecta" (Ro. 12.2, Biblia). Y es importante notar que Pablo pide esto sobre la base del versículo anterior, por "la misericordia de Dios". Es decir que Pablo pide a los romanos que presenten sus cuerpos como sacrificios vivos a Dios, que es el culto racional de ellos, a partir de la salvación que Dios ya ha obrado, del Espíritu Santo que ya mora en ellos, por la santificación que está obrando, por la fe que poseen, porque han podido arrepentirse. Todas estas cosas y mucho más engloba "la misericordia de Dios".

Tratar nosotros de completar o retribuir la suficiencia de Cristo por medio de los "agregados" que hemos visto, y algunos otros que usted podrá pensar, es un golpe duro para Dios. Por lo tanto, no nos queda otro camino que aferrarnos a lo que Cristo ya hizo por nosotros. No debemos permitir que ninguno de estos elementos presentados ni ninguna otra cosa nos desvíen de la verdadera fe en Cristo.

Preguntas para el estudio y la discusión

1. ¿A qué se refiere el autor con la expresión "relación horizontal"?

2. Describa brevemente lo que entiende acerca del humanismo.

3. Describa brevemente lo que entiende por secularización.

4. Describa brevemente lo que entiende por existencialismo.

5. ¿En que sentido el secularismo y la teología de la liberación están ligados?

6. ¿Qué diferencia hay entre los europeos y los latinoamericanos en cuestiones religiosas?

7. Nombre los condicionamientos culturales que propone el autor.

8. Describa brevemente lo que entiende por el condicionamiento "logro por competencia individualista"?

9. ¿En qué sentido el concepto "gracia" ha sido desvirtuado en nuestra sociedad?

10. ¿De qué manera una institución cristiana puede promocionarse con principios seculares?

Actividades de aplicación

1. ¿De qué manera su compromiso con el prójimo es parte de su sistema de salvación?

2. ¿Qué entiende por salvación por gracia? Describa brevemente cómo ha sido el desarrollo de la gracia en su vida.

3. ¿Qué principios del mundo están actualmente influenciando en su vida espiritual?

Tu Calvario

Voy entendiendo...
No fue el Gólgota, la cruz o el clavo.
No fue la burla o el desamparo.
Ellos no fueron todo el calvario.
Tu sufrimiento era la gente:
La piel cansada de los ancianos,
los niños pobres que te acercaron,
la prostituta que te dio llanto.
En cada historia clavaron manos
(tus manos dulces de hacer milagros).
Tu viste el hambre donde otros sólo vieron pecado.
Fue más feroz el ciego clamando que el latigazo de los soldados.
Diste más lágrimas a la miseria que a tus dos pies con saña horadados.
(Entiendo a medias... Sólo me duelen algunas cosas.
Otras, a fuerza de repetidas, se me secaron.
Y aunque me duelan, guardo mi llanto, ato mis manos.)
Te iba doliendo, te va doliendo el ser humano,
pero al dolor, tu propio calvario,
tu diste hechos, voz y palabras.
¡Yo no lo hago!*

---

* Elsie R. de Powel, Cesar Abreu-Vomar y otros, Poesía y Vida, Buenos Aires, Certeza, 1979.

Segunda Parte
La obra suficiente de Jesucristo

Cuídense de que nadie los cautive con la vana y engañosa filosofía que sigue tradiciones humanas, la que va de acuerdo con los principios de este mundo y no conforme a Cristo. Toda la plenitud de la divinidad habita en forma corporal en Cristo; y en él, que es la cabeza de todo poder y autoridad, ustedes han recibido esa plenitud. Además, en él fueron circuncidados, no por mano humana sino con la circuncisión que consiste en despojarse del cuerpo pecaminoso. Esta circuncisión la efectuó Cristo. Ustedes la recibieron al ser sepultados con él en el bautismo. En él también fueron resucitados mediante la fe en el poder de Dios, quien lo resucitó de entre los muertos.
Antes de recibir esta circuncisión, ustedes estaban muertos en sus pecados. Sin embargo, Dios nos dio vida en unión con Cristo, al perdonarnos todos los pecados y anular la deuda que teníamos pendiente por los requisitos de la ley. Él anuló esa deuda que nos era adversa, clavándola en la cruz. Desarmó a los poderes y a las potestades, y por medio de Cristo los humilló en público al exhibirlos en su desfile triunfal. (Colosenses. 2.8-15)

AL COMENZAR ESTA SEGUNDA PARTE, LA PROPUESta es abordar una nueva alternativa, la de meditar sobre el estado del hombre y la obra de Cristo, como también el proceso de transición de muerte a vida del ser humano, teniendo como foco central la cruz del Calvario.

Comenzamos la primera parte con una exhortación del apóstol Pablo dada a los romanos de no amoldarse al mundo actual; y he aquí que, en el mensaje a la iglesia de Colosas, Pablo nuevamente está advirtiendo contra la posible influencia del enemigo con respecto a la suficiencia de Cristo. Vimos en la sección anterior algunos motivos por los cuales la fe puede ser desviada de Cristo. En esta parte, la tesis sostenida es: "La obra de Cristo no necesita de ninguno de los 'agregados' o complementos vistos anteriormente, o de cualquier otro que se pueda añadir, pues su obra fue completa y está terminada".

Es interesante destacar aquí ciertas palabras utilizadas por Pablo al escribirle a los colosenses.

En el versículo nueve aparece la palabra griega pân, que se traduce por "toda". Pablo parte de una base concreta y real: en Cristo habita corporalmente toda la plenitud de la deidad, es decir, toda la plenitud de Dios. Así, el apóstol destruye toda posible alusión a que Cristo era un superhombre o un semidios. Cristo era y es Dios y ser humano. Con esta base Pablo argumenta algo extraordinario y revolucionario en el versículo diez, al decir, siguiendo nuestra tesis: "Y en él (en Cristo) ustedes han recibido esa plenitud". En otras palabras, Pablo está diciendo que la realización plena de la vida humana solamente se encuentra en unión y comunión con Cristo.

Al decir "completo, pleno" está diciendo que no hay nada más por hacer. No hay lugar para los "agregados" o los sustitutos. No hay lugar para que un redimido deba o pueda crear redención. Este participio "completo" se encuentra en tiempo perfecto, que en el griego indica que se completó de una vez y para siempre, pero que a su vez sigue teniendo un efecto vigente.

En la actualidad, hay cientos de libros, filosofías y religiones que ofrecen los pasos mágicos o los secretos para que una persona pueda ser feliz. Sin embargo, la realidad demuestra que ni el éxito, el dinero o la fama pueden dar un sentido de realización plena al ser humano. Esta realización sólo la podemos encontrar si permitimos que Cristo nos encuentre a nosotros.

Luego, en el versículo trece, Pablo explica esta plenitud partiendo de la base de que, "sin Cristo estamos incompletos, estamos muertos en pecados y en la incircunsición de nuestra carne". La pregunta trascendental es: ¿Cómo llegamos a estar completos? Estando en la condición de incompletos (pecado, muerte), Jesús nos dio vida juntamente con él, nos "completó", "perdonando todos (pánta) los pecados". Nuevamente aparece en forma enfática la expresión todos, con el propósito de dejar muy en claro que Cristo no perdonó solamente muchos pecados, sino que perdonó todos los pecados: los pecados pasados, los presentes y los futuros, porque para Dios no existe el tiempo. Él es el eterno Dios.

Si usted, amigo lector, está luchando con sentimientos de culpa, fundados o infundados, por pecados que haya cometido, recuerde que Cristo pagó un precio elevado por todos sus pecados. Quizá usted pueda pensar que Cristo perdona ciertos pecados, pero que los suyos son demasiado grandes y que jamás se merecerá el perdón de Dios. Permítame decirle que es verdad que jamás se merecerá el perdón de Dios, pero que Dios quiere perdonar todos sus pecados porque lo ama, y así lo determinó él.

La construcción gramatical griega del versículo catorce es *Exaleípsas tò kaz hēmōn jeirógrafon toîs dógmasin ho en hypenantíon hēmîn*, traducida por la RV de la siguiente manera: "Anulando el acta de los decretos que había contra nosotros". Esta construcción tiene otras posibles traducciones que esclarecen más la idea del apóstol Pablo. Una posibilidad sería: "Cancelando contra nosotros el pagaré escrito a mano de los decretos, que nos era hostil". La Biblia para Latinoamérica traduce este pasaje de la siguiente manera: "Canceló nuestra deuda y nuestra condenación escrita en los mandatos de la ley". Y la Biblia de las Américas traduce: "Habiendo cancelado el documento de deuda que consistía en decretos contra nosotros".

En cierta manera, Pablo aquí está utilizando un lenguaje forense. Había un pagaré firmado en la ley por nuestros pecados, el cual había que pagarlo. Lo que Jesús hizo fue agarrar ese pagaré y lo llevó a la cruz, lo suprimió, lo borró, lo anuló: lo pagó. Ese documento ya no tiene vigencia, por lo tanto, ya no existe ningún pagaré firmado con condenación por nuestros pecados por pagar. Ya está pago, ese documento ya ha sido invalidado, no hay nada más en nuestra contra.

Para que usted entienda la profundidad de este hecho, quiero contarle lo que me ha ocurrido en una oportunidad. Llega a mi casa una multa de tránsito por exceso de velocidad. Por ley, el ciudadano argentino tiene dos opciones: una, pagarla sin reproches, y, dos, presentarse delante de un juez para argumentar a su favor. Ante esta segunda posibilidad, me presenté ante un juez que tenía mi causa y simplemente le dije: "Reconozco mi error y le pido que no aplique la justicia, sino que apelo a su misericordia". Sorprendido, el juez me dijo que por no tener antecedentes esta vez no pagaría, pero que quedaría marcado por un tiempo. Desde el punto de vista legal, es verdad que perdonó mi deuda, ya no la tengo que pagar, pero si vuelvo a cometer alguna infracción deberé hacerlo. Sin embargo, cuando Pablo dice que Cristo pagó mis pecados, no hay condicionamientos. Él ha pagado todos mis pecados, pasados, presentes y futuros, por ende, puedo vivir en una completa libertad siempre.

Ahora que vimos con una rápida pincelada la obra de Cristo por nosotros, pasaremos a profundizarla más aún. De modo que esta segunda parte esta dividida en cinco capítulos que esclarecerán el tema.

8
La humanidad completamente perdida

PABLO, ESCRIBIENDO A LOS ROMANOS, DICE: "Porque la paga (salario) del pecado es muerte" (Ro. 6.23, RV 60). Notemos que Pablo en su carta a los romanos, desde 1.18 hasta 3.20 declara que todos, tanto judíos como gentiles, están en pecados, están perdidos, incompletos, separados de Dios y merecedores de su ira.

Para comprender esto, necesitamos saber, por un lado, qué significa pecado y, por otro, qué significa muerte. Analizaremos ambos términos por separado.

Pecado

Ya en el Antiguo Testamento encontramos este concepto. Ezequiel 18.4 y 20 dice: "Sepan que todas las vidas me pertenecen, tanto la del padre como la del hijo... todo el que peque, merece la muerte" (NVI). En Ezequiel 34.7b afirma: "De ningún modo tendré por inocente al malvado".

Las palabras que por lo regular se emplean en la Biblia para significar pecado y pecar son: En la voz hebrea *jattâ* y en la griega *hamartanō*. Ambas tienen el significado general de "errar el blanco". Se emplean en sentido ético y significan 'faltar a alguien', en particular a Yahvé, o contra Yahvé. Se aplica a un pecado exteriormente visible. Pecar, entonces, significa rechazar a Dios como Señor del pacto (b^erit) realizado, ya que trasgredimos su ley y esta ley sólo tiene significado en la alianza o pacto. El pecado es ofender, disgustar y rechazar a Dios, tiene el carácter de una ruptura de la alianza, y hasta de un adulterio para con él.

El pecado crea siempre un estado de debilidad, precursor de la muerte. Según el concepto anteriormente visto, Dios es quien entra en relación y quien establece una alianza (berit); el pecado es, entonces, la ruptura de esa relación. Una de las declaraciones más certeras en cuanto a esto es la que hallamos en Isaías 59.2, donde dice: "Son las iniquidades de ustedes las que los separan de su Dios" (NVI).

Toda la terminología del pecado en hebreo confirma este aspecto fundamental de ruptura: *jattâ'* es la carencia, el abandono de la línea recta; *'âwôn* es el rodeo y el extravío que se manifiestan no sólo en la acción, sino también en el pensamiento; $m^{ec}îlâ$ es la infidelidad; y, $p^{ae}\check{s}a^c$ expresa la rebelión abierta. Allí en donde el pecado se manifiesta, suprime la comunión con Dios y entrega al hombre a sí mismo, o a fuerzas malignas. [1]

Los elementos comunes de los diversos pecados son:

- Incumplimiento de la Palabra de Dios.
- Alejamiento de Dios, ruptura de la comunión con él (Lc. 15.11ss.).
- La muerte, que es esa separación total y eterna.

---

[1] Sacramentum Mundi, Enciclopedia teológica, Madrid, Herder, 1974, p. 348

El Nuevo Testamento destaca con mayor fuerza todavía que el Antiguo Testamento que la interioridad del hombre es la sede y fuente del pecado (Mt. 5.21-32). Además, si nos remitimos al Génesis, notaremos que a partir de la caída de Adán y Eva, aparte de la separación de Dios, hubo otras separaciones, como ser:

- La separación del ser humano con la naturaleza, que según Pablo en Romanos 8 está esperando su redención también.
- La separación del ser humano de su prójimo.
- La separación del ser humano consigo mismo.

Además de describir al pecado como "errar el blanco," el Nuevo testamento lo describe como enumeramos a continuación.

Deuda

Mateo 6.12 habla en estos términos de deuda. El ser humano le debe a Dios guardar todos sus mandamientos (Stg. 2.10). Todo pecado cometido equivale a una deuda contraria, es un pagaré, con nuestros pecados firmado, y somos incapaces de pagar. La única esperanza es la remisión.

Sustitución

En 1 Juan 3.4 se habla de que el pecado es trasgresión de la ley. El pecador es un rebelde e idólatra, pues aquel que deliberadamente quebranta un mandamiento escoge su propia voluntad antes de la de Dios, es decir, la sustituye. El hombre sustituye a Cristo y se convierte en ley para sí mismo, y, hace, por lo tanto, un dios de sí mismo. Ésta fue la tentación que la serpiente le presentó a Eva. El pecado comenzó en el corazón del ángel enaltecido que dijo "subiré", en oposición a la voluntad de Dios (Is. 14.13-14). El anticristo es desenfrenado porque se enaltece sobre toda cosa que es adorada o denominada Dios (2 Ts. 2.4). El pecado es, esencialmente, obstinación, terquedad; y la obstinación y la terquedad son esencialmente pecado. El pecado, si pudiera, destronaría a Dios, lo asesinaría. Sin ir más lejos, nuestro pecado fue lo que causó la muerte de Jesús; y si la humanidad nuevamente tuviera oportunidad de hacerlo, lo haría, aunque hoy en día nos hemos acostumbrado a matar a Dios más sutilmente. El pecado, básicamente, es una transferencia de fe. Al pecar, el ser humano deja de creerle a Dios y se cree a sí mismo o a Satanás. Dios le había dicho a Eva que si comía del árbol prohibido moriría, pero la serpiente le dijo que no sería así. Eva le creyó más a Satanás que a Dios.

Desobediencia
Literalmente, "oír impropiamente", escuchar con falta de atención (He. 2.2). Lucas nos dice: "Mirad pues cómo oís" (8.18, BLA). En la Biblia, el verbo "oír" está estrechamente relacionado con la obediencia.

Trasgresión
"Extenderse de los límites" (Ro. 4.15). Los mandamientos de Dios son cercas o caminos angostos, con barro a los costados, por así decirlo, que impiden que el hombre penetre en territorio peligroso y sufra daño su alma. Es imposible salirse del camino y no quedar manchado o sucio.

Caída o falta
"Caer junto al camino" (Ef. 1.7). De ahí seguramente la expresión común de "caer en pecado". Pecar es caer de un nivel de conducta.

[2] E. Jenni, C. Westermann, *Diccionario teológico manual del Antiguo Testamento*, Tomos. I y II. Madrid, Cristiandad, 1985. La idea de Westermann en la p. 164 es la siguiente: dice que el saber escuchar bien a Dios trae como consecuencia poder escuchar bien a las personas que necesitan oídos prestos o dispuestos a oír. El oído es sede de la capacidad auditiva y, por eso, de su obediencia y de su inteligencia. Aunque uno oiga la Palabra de Dios –y al que tiene oídos para oír (Mt. 11.15) se le amonesta a ello– no por eso la entiende. Dios (Is. 54.4) o Jesús (Mc. 7.34) dice *efatá*, debe abrirle los oídos de modo que incluso los sordos oyen (Is. 35.5).

Derrota
Es el significado original de "falta" en Romanos 11.12. Al rechazar a Cristo, la nación judía sufrió una derrota y equivocó el propósito de Dios.

Impiedad
Proviene de un vocablo que significa "sin adoración o reverencia" (Ro. 1.18; 2 Ti. 2.16). El ser humano impío es aquel que presta poca o ninguna importancia o atención a lo sagrado. Lo santo no produce sentimiento alguno de temor reverencial. Está sin Dios, porque no quiere a Dios. No busca a Dios, porque no lo quiere hallar.

Error
El error (Heb. 9.7) describe esos pecados por descuido o ignorancia, y se diferencia de aquellos cometidos con presunción, de frente a la luz. El hombre que obstinadamente se propone hacer lo malo incurre en mayor grado de culpa que aquel que por su debilidad cae en alguna falta. [3]

En el Nuevo Testamento aparece con mayor claridad el estado del pecador, considerado como un sometimiento y una esclavitud al demonio (Mt. 13.19; Lc. 22.3, 31). Por otro lado, Juan enfatiza el drama del pecado como sumisión al poder personal de Satanás, resultado del alejamiento de Dios, de quien el pecador se hace hijo (Jn. 8.44; 1 Jn. 3.8, 10). De aquí resulta el carácter diabólico del pecado, lo que no significa que el pecado humano tenga como único culpable al maligno. El hombre conserva siempre su responsabilidad (libertad), la cual se acrecienta incluso en virtud del carácter decisivo que tiene la misión de Cristo (Jn. 8.24; 15.22). Siguiendo este pensamiento, Fries nos dice lo siguiente:

---

[3] Meyer Pearlman, Teología bíblica y sistemática, El Paso, Vida, 1958, pp. 139-140.

Pablo insiste más en el poder universal del pecado que en los pecados particulares. Familiarizado con el lenguaje de la LXX (Septuaginta), Pablo entiende por hamartia un poder universal, personificado, que domina a la humanidad entera, y procedente de Adán, constituye el estrago general de todo el mundo (Ro. 3.9, 23; 5.18-19; Gá. 3.22), ideas que no están lejos del concepto de pecado original. La esencia de esta situación consiste en la equivocada autoafirmación del hombre y en su desobediencia a Dios (Ro. 1.21; 2.8; 11.30; Ef. 2.2). Esta situación se concreta, por medio de la ley, en trasgresiones particulares. El poder del pecado es tan grande que Pablo considera íntimamente determinado por este poder el ser humano "carnal". Pero esto no significa que la corporalidad humana como tal explique su condición pecadora, sino que indica solamente la realidad del hombre que se opone a Dios en el ámbito donde domina el pecado. [4]

Como consecuencia de este dominio del pecado, se manifiesta por doquier el poder de la muerte (Ro. 6.23), que no es para Pablo un destino fatal, como pensaban los griegos, sino que procede de la culpa y del pecado. Por esta pretensión de dominio, el pecado representa un poder diabólico (Ro. 3.9; 7.14; Gá. 3.22) que somete al ser humano, le arrebata la libertad, lo convierte en esclavo (Ro. 6.16-20; Gá. 3.22) y que finalmente lo mata. La idea es que yo no me convierto en pecador porque peco, sino que peco porque soy un pecador. En otras palabras, el ser humano por sus propios medios no puede "no pecar".

Muerte

Para comprender más claramente este concepto, debemos partir de lo básico: el mundo entero está bajo el maligno (1

---

[4] Heinrich Fries, Conceptos fundamentales de teología, Tomo. II, Madrid, Cristiandad, 1973, pp. 319-320.

Jn. 5.19b), por lo tanto, si el fin del maligno es la muerte, como consecuencia los que están bajo su poder tienen el mismo fin. Cuando la Biblia habla de "muerte" lo hace como: "salario" (Ro. 6.23, RV 60), "compensación o sustento" (2 Co. 11.18, RV 60). La muerte, básicamente, significa "separación" en un doble sentido:

- Física: separación entre cuerpo y alma.
- Espiritual: separación entre todo el ser (cuerpo, alma y espíritu) de Dios.

Si retrocedemos nuevamente al Génesis, encontraremos que Dios le dijo al hombre: "Mas del árbol de la ciencia del bien y del mal no comerás; porque el día que de él comieres, ciertamente morirás" (2.17, RV 60). Notemos que hay una prohibición y una sentencia condicionada al incumplimiento.

Hay quienes sostienen que el ser humano fue creado con la capacidad de la inmortalidad, es decir, nunca hubiese experimentado la muerte física si hubiese obedecido el mandato de Dios; mientras que otros dicen que, de todas maneras, el ser humano moriría físicamente a fin de dar lugar a otras personas para que vivieran y progresasen aquí en la tierra.

Independientemente de estas interpretaciones, lo que es claro en el Génesis es que la vida estaba condicionada a la obediencia. Mientras Adán obedecía a la ley de la vida, tenía derecho de comer del árbol de la vida. Pero desobedeció, quebrantó el mandamiento de la vida y fue separado de Dios, la fuente de vida. Por lo tanto, se introdujo la muerte. El porcentaje de pena es igual a ambas muertes, física y espiritual. Todo Adán quedó separado de Dios, aun su cuerpo (por eso se fue deteriorándose hasta consumirse totalmente).

Esta muerte física y espiritual, tal como Dios lo había dicho, "el día que de él comieres, ciertamente morirás", comenzó a cumplirse. Sabemos que Adán y Eva luego fueron echados del paraíso, es decir, separados de Dios. La muerte física no se apoderó inmediatamente de ellos ni Dios tampoco llevó a cabo su plan en ese instante. Por tanto, podemos pensar en la muerte física como en un proceso y no como un acto puntual. La muerte espiritual es separación de Dios, falta de comunión con él. La muerte espiritual incluye, negativamente, la pérdida de la semejanza moral del ser humano con Dios y, positivamente, la corrupción de todos aquellos poderes que se llaman religiosos y morales, en otras palabras, la corrupción del corazón y del intelecto, y, como consecuencia, la corrupción de la misma voluntad.

Aun cuando más tarde el hombre se reconciliara con Dios, la muerte física siguió de acuerdo con el decreto divino. Mediante el acto de redención y recreación, el hombre tiene nuevamente derecho al árbol de la vida que está en medio del paraíso de Dios (Ap. 2.7). Vemos, entonces, que la muerte física vino como castigo al mundo, pero que en las Escrituras toda vez que se amenaza castigar con la muerte al pecado, significa en primer término la pérdida de la comunión con Dios. De manera que el ser pecante ya está espiritualmente muerto en "transgresiones y pecados" (Ef. 2.1, NVI) y su cuerpo físico también condenado. Pasará a la otra vida en esa condición espiritual, si previamente no hay un arrepentimiento. Luego, en el juicio, el juez pronunciará la sentencia de la segunda muerte, que envuelve "enojo, ira, tribulación y angustia" (Ro. 2.7-22). De manera que la "muerte", en calidad de castigo, no constituye la extinción de la personalidad, sino la separación eterna entre el individuo y Dios. Hay tres fases en relación con esa muerte:

- Muerte espiritual mientras vive la persona (Ef. 2.1; 1 Ti. 5.6).
- Muerte física (Heb. 9.27).
- Muerte eterna (Ap. 21.8; Jn. 5.28-29; 2 Tes. 1.9; Mt. 25.41).

De aquí se desprende lo siguiente: están aquellos que murieron física y espiritualmente; otros que murieron físicamente, pero no espiritualmente; otros que viven físicamente, pero que espiritualmente están muertos; y un cuarto grupo, los que están vivos física y espiritualmente. La pregunta que usted, amigo lector, debería responder es: ¿En cuál de los dos últimos grupos se encuentra?

Por otro lado, cuando las Escrituras nos hablan de vida como recompensa de la justicia, no sólo significa existencia, porque los malvados también existen en el infierno. La vida significa vida en abundancia, vivir en comunión con Dios; una comunión que la muerte física no puede destruir (Jn. 11.25-26). La muerte eterna es la existencia mala, miserable, oscura y desesperante.

Notemos que el vocablo *apöleia*, traducido comúnmente por destrucción, empleado con relación a la muerte de los malvados (Mt. 7.13; Jn. 17.12; 2 Tes. 2.3) no significa extinción. El perecer o ser destruido, de acuerdo con el griego, no significa extinción, aunque algunos así lo sostengan, sino que significa "arruinado". Es decir, el pecador que perece o es destruido no queda reducido a la nada, sino que está arruinado en lo que respecta al goce de las bendiciones de Dios y de la vida eterna. El mismo uso es seguido en la actualidad. Pearlman dice que cuando decimos que una persona "ha arruinado su vida", no queremos decir que esté muerta, sino que ha equivocado el verdadero objetivo de su vida. [5]

En cuanto al tema de muerte y castigo, hay cuatro grandes puntos teológicos con relación al infierno. El doctor William Crockett, en un pequeño libro titulado Las cuatro posturas del infierno, presenta a cuatro escritores diferentes que respaldan su postura acerca del infierno y que a su vez tratan de argumentar en contra de las otras. En forma resumida, las siguientes cuatro son las posturas presentadas:

[5] Pearlman, op. cit., p. 145

- Castigo literal.
- Castigo metafórico.
- Castigo en el purgatorio.
- Castigo condicional. [6]

Lo que queda claro es que el ser humano sin Dios está completamente perdido, muerto espiritualmente. Esto nos ayuda a entender mejor el tema del castigo de Dios en aquello de que "el salario del pecado es muerte" (Ro. 6.23, RV 60), es decir, lo que el hombre se merece. Una persona muerta sólo puede corromperse más, nunca puede resucitar a la vida por sus propios medios. El ser humano está muerto porque:

- Pecó: el "sueldo" que cobrará (consecuencia) es muerte total entre su ser y el de Dios.
- Pecó: la justicia de Dios exige una vida (ninguna otra paga) como pago, y el pecador ya no tiene vida.
- Pecó: se hizo esclavo del pecado (Ro. 6.16-17); ya no puede dejar de pecar, por lo que su deuda aumentará, si esto fuera posible (cada vez muere más) (Ro. 3.23).
- Pecó: Dios decretó "entregarles" (Ro. 1.19ss.).

El pecado no es algo pasivo, es acto y estado. En calidad de sublevación contra las leyes de Dios, se convierte en estado pecaminoso. Una consecuencia doble se produce: el pecador se acarrea el mal sobre sí, por sus malas acciones, e incurre en culpabilidad ante Dios. Dos cosas, por lo tanto, debemos distinguir: las malas consecuencias que siguen al acto de pecado y la pena que sufrirá en el juicio. Lo podemos ilustrar de la siguiente manera: un padre le prohíbe a su hijo consumir drogas y le advierte de una consecuencia doble: primero, el consumir drogas lo enfer-

[6] William Crockett, Four views of Hell, Grand Rapids, Zondervan Publishing House, 1996, p. 5.

mará, y, además él lo castigará por su desobediencia. El muchacho desobedece y consume drogas. Las descomposturas representan las malas consecuencias de su desobediencia, y la paliza que recibe representa la pena positiva por su culpabilidad, es decir, "el salario".

El pecado ha causado daño en la esfera moral, en la esfera de la santidad, de la sabiduría, de los sentimientos, del intelecto, en la imagen divina, en la voluntad, en todas las facetas que el ser humano posee. El pecado nos mató, nos destruyó, nos separó, por ello es imposible acercarnos a Dios por alguno de esos medios o "agregados" que hemos desarrollado en la primera parte del libro. Nuestra condición en pecado no resistiría de ninguna manera su santidad (Is. 6:1-13). Si Dios derramara un poco de su santidad sobre nosotros así como estamos, sin ser justificados, quedaríamos totalmente destruidos.

La consecuencia de nuestro pecado fue nuestra muerte (Ez. 18.4). Dios exige esta pena de nosotros por haber pecado. Por tanto, no hay nada que pueda pagar esa deuda, sino otra vida. Ninguna otra cosa satisface, ningún "agregado", que no sea otra vida, pues la nuestra ya está hipotecada.

Castigo divino

En cierta manera, las consecuencias del pecado ya las hemos visto. Ahora, entonces, examinaremos algo sobre el castigo, sobre la ira de Dios. Pablo, al escribir a los romanos, denota la decidida acción de Dios de castigar el pecado: "la ira de Dios viene revelándose desde el cielo contra toda impiedad e injusticia de los seres humanos, que con su maldad obstruyen la verdad" (Ro. 1.18, NVI). El tiempo del verbo "se revela" *apokalyptetai* se encuentra en presente, lo que implica un constante revelar, que prosigue todo el tiempo, "desde el cielo", que juega con el versículo anterior, en donde Pablo dijo: "en el evangelio se revela la justicia que proviene de Dios, la cual es por fe de principio a fin"

(NVI). El castigo implica una revelación universal que incluye a quienes no han respondido positivamente al evangelio. Por el otro lado, si han respondido, también hay una revelación progresiva de la persona de Dios. Esto último nos debe hacer pensar que nunca podemos medir a alguien si es más o menos espiritual, ya que no depende tanto de la persona, sino de Dios que se revela.

El castigo también es un proceso. Si quisiéramos ser un tanto sarcásticos, es una tortura lenta y dolorosa; y si analizamos nuestra sociedad, no podríamos rebatir la tesis de Pablo. Vemos al mundo de hoy que se encuentra en un proceso de degradación, que se desarrolla en forma constante. Desde el conocimiento de Dios y todo lo que tiene que ver con lo divino, hasta la adoración de aquello que no es Dios; y desde la idolatría hasta la inmoralidad de un tipo todavía más grosero, de manera que cada generación prepara una nueva cosecha de "impiedad e injusticia de los hombres". En esta decadencia, debemos reconocer la acción presente de la ira divina, un proceso de endurecimiento y de acumulación de restricciones, por el que los hombres van siendo entregados a sus preferencias corruptas. Así, algunos llegan a poner en práctica, de forma cada vez más desenfrenada, las concupiscencias de su corazón pecaminoso. Cada día aparecen más pecados, tan exóticos, y algunos hasta sofisticados, que son difíciles de creer, y aun nuestras mentes no alcanzan a comprender ni a resolver esos dilemas.

Pablo, en Romanos 1.19-31, describe el proceso de la ira de Dios como consecuencia del pecado humano. Notemos las frases clave: "Dios los entregó a los malos deseos de sus corazones"; "Dios los entregó a pasiones vergonzosas"; "los entregó a la depravación mental" (v. 24, 26 y 28).

La prueba de la ira de Dios, como consecuencia del pecado, la tenemos al mirar a nuestro alrededor. Es escuchar acerca de las injusticias, la violencia, la existencia de enfermedades incontrolables, como el cáncer, el SIDA, etcétera. Es conocer a más personas que se rebelan contra Dios y se hacen "ateos", es conocer a personas cuyo Dios son sus propias pasiones y deseos, es soportar guerras, terremotos, volcanes, inundaciones, sequías, tormentas, tornados, maremotos, pestes. Es doloroso, pero recién es el principio del fin. El castigo seguirá revelándose desde el cielo. Hay muchos que no están de acuerdo con Dios por esto, pero la pregunta que siempre tendríamos que hacernos es la siguiente: ¿Está Dios de acuerdo con lo que usted y yo hacemos? Si logramos responder correctamente en su totalidad a esta pregunta, creo que no cabría en nuestro léxico el desacuerdo con Dios. La ira de Dios está en acción sobre la sociedad y sobre la totalidad del universo, y no la ejerce todavía de golpe, como lo hizo con el diluvio, porque su deseo es que muchos mientras tanto se arrepientan (2 Pe. 3.9). Este castigo o ira se acabará sobre cada uno de aquellos que no se volvieron a Dios, cuando en el día del juicio final el juez diga: "Apartaos de mí, malditos, al fuego eterno preparado para el diablo y sus ángeles" (Mt. 25.41, RV 60).

Ésta es la situación del ser humano, completamente perdido, completamente separado de Dios. Cuando Pablo dice en Romanos 3.23 "por cuanto todos pecaron, y están destituidos de la gloria de Dios" (RV 60), está queriendo decir algo más que eso. La palabra griega *hysteroûntai*, que la RV traduce por "destituidos", apunta más bien a que no alcanzaron o "están faltos". Esto quiere decir, entonces, que no existe ninguna posibilidad de que el hombre alcance por sus propios medios la gloria de Dios. Estamos destituidos, porque todos pecamos; y estamos destituidos, porque no podemos dejar de pecar. Resumiendo, podemos decir que el ser humano está perdido porque:

- Pecó (Ro. 3.23), "por cuanto todos pecaron...".
- No puede salvarse a sí mismo (Ro. 3.23b), "no alcanza la gloria de Dios".
- No puede dejar de pecar (Ro. 6.16-17), "es esclavo del pecado".

- La ira de Dios se revela sobre él (Ro. 1.19-31).
- Dios decretó la muerte a causa de su pecado (Ro. 6.23).

Entendiendo, entonces, el estado del ser humano, queremos presentar ahora tres caminos por los cuales el ser humano puede alcanzar la gloria de Dios, de los cuales sólo uno es el correcto.

El camino de la ley

Es el camino por el cumplimiento de todos los mandamientos, tanto los del Antiguo como los del Nuevo Testamento. Aquí planteamos una pregunta bastante difícil de responder, y es ésta: ¿Se salvarán los que nunca oyeron hablar de Jesús y su plan de salvación? ¿Qué pasará con todos aquellos (indios, aborígenes, etc.) que nunca han tenido la oportunidad de escuchar acerca de Jesús? Aunque no tengamos suficientes bases sólidas, podemos pensar que posiblemente no sean juzgados sobre la base de la ley escrita de Dios. No podrían ser juzgados por rechazar la ley de Dios, si nunca la han escuchado.

Es posible que detrás de esa pregunta estemos dudando o cuestionando la justicia de Dios. Cuando Pablo dice que los que no conocieron la ley de Dios van a tener que perecer sin esa ley, también está presentando otra posible ley, la ley moral de cada uno. Es decir, aquellos que no escucharon hablar de Jesús serán juzgados sobre la base de las leyes escritas en sus mentes y corazones, las cuales les hacen conocer sus obligaciones morales fundamentales. De esto podemos sacar dos conclusiones: primero, si no siguen esa ley, serán excluidos de la vida eterna; segundo, es una pregunta que nos hacemos a nosotros mismos. Si nosotros no somos justificados por el cumplimiento de la ley, sino por la sola gracia de Dios, ¿acaso no puede alcanzar la gracia de Dios a aquellos que no escucharon y de esa manera ser salvos? Ya sé, me dirán que la gracia proviene solamente por medio de Jesucristo. Si esto es así, entonces ellos necesitan escuchar de Jesús.

Pablo, en cierta manera, responde a estos cuestionamientos en Romanos 10.13-15, en donde dice: "porque 'todo aquel que invoque el nombre del Señor será salvo'. Ahora bien, ¿cómo invocarán a aquel en quien no han creído? ¿Y cómo creerán en aquel de quien no han oído? ¿Y cómo oirán si no hay quien les predique? ¿Y quién predicará si no es enviado? Así está escrito: '¡Qué hermoso es recibir al mensajero que trae buenas nuevas!'". Es interesante notar aquí que: lo hermoso es ir de un lugar a otro anunciando la paz en Cristo.

Viéndolo de esta manera, como responsabilidad nuestra, creo que no nos atreveríamos a juzgar si Dios es o no es justo, tampoco andaríamos especulando si se salvan o no se salvan los que no oyeron el evangelio.

En la segunda parte de Romanos 2.12 se plantea la otra cara de la moneda: ¿qué pasará con aquellos que pecaron conociendo la ley de Dios? La respuesta es que por esa ley serán juzgados. Pablo, en cierta manera, admite la posibilidad de que haya personas que sean juzgadas por el cumplimiento de los mandamientos (Ro. 2.13), pero como ninguno puede cumplirlos en su totalidad, todos seremos condenados. Únicamente creyendo en Cristo tenemos la posibilidad de cumplir los mandamientos.

Pablo, cuando dice en el versículo 14: "los gentiles, que no tienen la ley, cumplen por naturaleza lo que la ley exige" (NVI), da por sentado que los que han creído en Jesús cumplirán sus mandamientos.

Si pretendemos justificarnos meramente por el cumplimiento de la ley, tenemos que entender, entonces, que la demanda de Dios es perfección (Mt. 5.48), tanto para los que no conocieron como para los que conocieron la ley de Moisés. Si alguien puede cumplirla al pie de la letra, tiene posibilidad de salvación, caso contrario, es un medio inapropiado, inútil, insuficiente e incorrecto, ya que no satisface la demanda de Dios. Por lo tanto, habrá que pensar en otro camino.

El camino de la conciencia

El camino de la conciencia es el cumplimiento de la ley moral escrita en el corazón del ser humano. Dios le ha dado a la humanidad, desde Adán y Eva, una conciencia. En el jardín del Edén esa conciencia era perfecta. Después de la caída se corrompió y degeneró, pero sin borrarse del todo. La conciencia le sirve al ser humano como testigo de la verdad (Ro. 2.15), pero la elección moral determina si la persona obedecerá los dictados de su corazón o conciencia (Jos. 24.15). La conciencia acusa al ser humano de su pecado (Gn. 42.21; 2 Sm. 24.10; Mt. 27.3-4), juzga las acciones, y algunas veces las condena, otras las aprueba, según sean ellas buenas o malas, y su dictamen será confirmado al abrirse los libros en el juicio final.

No basta conocer la ley, es necesario guardarla. Sólo los que cumplen la ley serán reconocidos como justificados. "Por sus frutos los conoceréis" dijo Jesús (Mt. 7.20, RV 60). Si los judíos pueden ser condenados, aun teniendo la ley mosaica, podemos suponer que los gentiles pueden ser salvos sin ella. En efecto, cuando los gentiles que no poseen la ley de Moisés, guiados por la naturaleza, que les sirve de norma, cumplen los mandatos de la ley, es decir, sus preceptos morales, ellos se tienen a sí mismos como ley. Con esto demuestran que las obras de la ley, las que Moisés prescribiera, las tienen escritas en sus corazones. Aun Pablo, haciendo referencia al Salmo 19.4, da por sentado en Romanos 10.18 que todos escucharon hablar de Dios, porque la naturaleza habló y está hablando.

Partiendo de que la conciencia dictamina lo bueno y lo malo, y que Dios demanda perfección, podemos descartar este camino, ya que, para que sea válido, la conciencia tendría que ser perfecta, siempre tendría que estar defendiéndonos, aprobando nuestras acciones. Y bien sabemos que esto no sucede así. Si somos sinceros y tomamos nuestras conciencias como testimonio (Ro. 2.15), reconoceremos que nos acusa más de lo que nos aprueba. En caso de que no nos acusara de nada, es porque ya habremos llegado a tal grado de corrupción y pecaminosidad que nuestra conciencia se ha insensibilizado al pecado, porque la Biblia declara que no hay justo ni siquiera uno (Ro. 3.10).

Si no es posible justificarnos, ni por medio de la ley ni por medio de la conciencia, entonces ¿qué nos queda? Nos queda un tercer camino, que es el único y correcto, es el que satisface las demandas de Dios.

El camino de la fe

El camino de la fe consiste en confiar en los méritos de Cristo. Éste es el único camino que nos puede salvar. Jesús en cierta oportunidad dijo: "Yo soy el camino, la verdad y la vida, nadie llega al Padre sino por mí" (Jn. 14.6, NVI). Jesús no dijo: "yo soy un camino...", él dijo "yo soy el camino...". Él es el único camino, no existe otra posibilidad para justificarnos que pasar por Jesucristo. O lo tomamos o lo dejamos, no hay una tercera opción.

Para salvarnos, para tener vida en abundancia aquí y vida eterna que se prolongue luego de la muerte física (si tuviéramos que experimentarla), tenemos que creer solamente en lo que Jesús hizo por nosotros al morir en la cruz. Y lo que él hizo lo veremos en el próximo capítulo.

Preguntas para el estudio y la discusión

1. Escriba brevemente una definición de pecado.

2. ¿Cuáles son los elementos comunes del pecado?

3. ¿Cómo describe el Nuevo Testamento al pecado? Escriba un breve resumen.

4. ¿Cuál es una de las consecuencias del pecado en la vida de un ser humano?

5. Describa brevemente que entiende por muerte.

6. ¿Cuáles son las cuatro categorías que el autor nombra con relación a la muerte?

7. ¿Por qué el ser humano está muerto? Nombre las cuatro razones que el autor presenta.

8. Dé cinco razones de por qué la humanidad está perdida.

9. ¿Cuáles son los tres caminos que el autor presenta por medio de los cuales el ser humano podría ser salvo?

10. Describa brevemente cuál es el camino correcto para alcanzar la salvación.

Actividades de aplicación

1. Describa cómo estaba usted antes de conocer a Jesús.

2. ¿Qué fue lo que más le impactó acerca de Jesús?

3. ¿Cómo describiría su presente situación con el Señor?

9
La obra de Dios en Jesús

Porque tanto amó Dios al mundo, que dio a su Hijo unigénito, para que todo el que cree en él no se pierda, sino que tenga vida eterna. (Juan. 3.16)

NO CABE DUDA DE QUE EL TEMA DEL PECADO del ser humano y de la ira de Dios ha sido y es considerado en forma especulativa, además, tampoco podemos negar que en la actualidad se enfatiza mucho el amor y la misericordia de Dios, y casi ni se habla de su santidad, su ira, su justicia y el salario que el ser humano recibirá por su pecado, si no se arrepiente.

Es muy común y normal hablar de las ofertas de Dios y poco de sus demandas. Creo que para que podamos entender bien el plan de salvación y la obra de Cristo, es necesario que entendamos bien la situación pecaminosa del ser humano, su distanciamiento de Dios y, por qué no, su destino, la condenación eterna. No estoy proponiendo que se infunda miedo en los oyentes, tan sólo que expliquemos y demostremos la realidad actual y personal de cada uno que se encuentra separado de Dios. Las buenas nuevas se apreciarían mucho mejor, reconociendo y comprendiendo el estado degradante del ser humano. Si queremos conocer a Dios, es imprescindible que nos enfrentemos con la verdad relacionada con su ira y su justicia, por más que esté pasada de moda esta faceta de Dios, o que tengamos prejuicios contra ella.

Nos será difícil entender el evangelio de la salvación, si no entendemos la premisa ¿salvación de qué? Tampoco entenderemos los logros de Cristo en la cruz ni la maravilla del amor de Dios, ni comprenderemos el actuar de Dios en la historia y el proceder de Dios con los seres humanos de hoy. Nuestro evangelio no tendrá la urgencia que nos recomienda Judas 23 al decir: "A otros salvad, arrebatándolos del fuego" (RV 60). ¿Qué fuego? El fuego de la condenación eterna y de una vida desdichada, sin sentido, sin metas y sin propósitos aquí. Si no entendemos y no conocemos esta parte del ser humano, su separación, ni tampoco la ira de Dios, nuestro conocimiento de él es imperfecto, limitado. No podemos, ni tampoco tenemos el derecho, de parcializar a Dios y mostrar solamente una parte de él.

Con respecto a esto, Packer, citando a A. W. Pink, dice en su clásico y tradicional libro *Hacia el conocimiento de Dios*:

> La ira de Dios es una perfección del carácter divino, sobre la cual debemos meditar frecuentemente. Primero, para que nuestro corazón sea debidamente impresionado por el hecho de que Dios detesta el pecado. Siempre nos sentimos inclinados a considerar el pecado con ligereza, a disimular su fealdad, a excusarlo. Pero cuanto más estudiamos y meditamos sobre la forma en que Dios lo aborrece, y su terrible venganza sobre él, tanto más probable es que nos demos cuenta de su

perversidad. Segundo, para crear en nuestro corazón un verdadero temor de Dios: "tengamos gratitud, y mediante ella sirvamos a Dios, agradándole con temor y reverencia, porque nuestro Dios es fuego consumidor" (Heb. 12.28-29, RV 60). No podemos servir a Dios "agradándole" a menos que haya la debida "reverencia" ante su abrumadora majestad, y "temor" ante su justa ira; y la mejor forma de promover entre nosotros dichas actitudes es la de traer a nuestras memorias frecuentemente el hecho de que "nuestro Dios es fuego consumidor". Tercero, para que nuestra alma se proyecte en ferviente alabanza (a Jesucristo) por habernos librado de la "ira venidera" (1 Ts. 1.10). El hecho de que estemos dispuestos a no meditar sobre la ira de Dios constituye la prueba más segura de cómo está realmente nuestro corazón para con él.[1]

Pink tiene razón. Si queremos conocer bien a Dios y dejarnos conocer por él, necesitamos enfrentarnos a la realidad de su ira. No esperemos entender bien lo que hizo Jesús, si no reconocemos la situación del ser humano sin Dios y su exposición a la ira divina. Básicamente hay tres elementos relacionados con la obra de Cristo en la cruz: expiación, redención y propiciación; términos que muchas veces escuchamos, pero que no entendemos completamente.

Expiación

Este término proviene del latín *expiare*, que significa "purificar borrando la falta que separa al hombre de sus dioses", "hacer a una persona, un objeto o un lugar aceptable a los dioses". Proviene del griego *hilasmos*, "expiación", derivado de *hilaskomai*, "mostrarse favorable, conciliarse" (Lc. 18.13); *hileōs*, "propicio"

---

[1] J. I. Packer, Hacia el conocimiento de Dios, Miami, Logoi, 1979, p. 179..

(Mt. 16.22; Heb. 8.12), "propicio, acogedor". Del hebreo *kipper*, "cubrir, perdonar". [2]

El autor de Hebreos escribe, al referirse a Jesucristo como el verdadero sacrificio por el hombre, lo siguiente: "Por lo cual debía ser en todo semejante a sus hermanos, para venir a ser misericordioso y fiel sumo sacerdote en lo que a Dios se refiere, para expiar (hiláskestai) los pecados del pueblo" (Heb. 2.17, BLA), cumpliendo de esta manera la profecía de Isaías 53.10. La necesidad de redención humana obligó al Hijo estar totalmente identificado con los seres humanos, pues él era hermano de ellos. La posición de sumo sacerdote le exigió a Cristo identificarse totalmente con los seres humanos, en su naturaleza, sufrimientos y en sus experiencias generales, a fin de cumplir bien su oficio, que era pagar nuestra salvación.

Jesús, al hacerse semejante a nosotros, pudo experimentar las mismas tentaciones y los mismos sufrimientos. Por tanto, él conoce bien cuán pobres somos y cuán perdidos estamos. Esto hace que él sea misericordioso y no nos dé lo que merecemos. Él, según la cita anterior de Hebreos, llegó a ser fiel por haberse identificado con nosotros, fiel a Dios y fiel a los seres humanos. Llegó a ser fiel sumo sacerdote, a lo que a Dios se refiere, y presentó una ofrenda para abrir el camino para el perdón de los pecados de todo el mundo. La ofrenda de Cristo fue su propia vida. En cierto momento de su ministerio él dijo: "...entrego mi vida para volver a recibirla. Nadie me la arrebata..." (Jn. 10.17b-18ª NVI).

Para comprender la obra expiatoria de Cristo, necesitamos remitirnos al Antiguo Testamento. Tiene su origen en el plan eterno de Dios, pues la caída del ser humano no tomó a Dios por sorpresa (Ef. 1.3-12). La primera mención de un animal sacrificado aparece en Génesis 3. Adán y Eva, luego que pecaron, se dieron cuenta de que estaban desnudos. Las hojas de los árboles

---

[2] Leon X. Dufour, Diccionario del Nuevo Testamento, Madrid, Cristiandad, 1977, p. 213.

no alcanzaron para cubrir su desnudez, por lo tanto, Dios, luego de juzgarlos, los cubrió con pieles. Para ello tuvo que sacrificar un animal, para cubrir el pecado o la vergüenza. Tenemos aquí a un animal inocente muriendo para que la culpabilidad y la vergüenza sean cubiertas. El término "cubrir" es uno de los mejores para hablar de "expiación", según el Antiguo Testamento. Éste es el objetivo principal del sacrificio, una cubierta proporcionada por Dios para la conciencia culpable del ser humano. Tenemos, entonces, en el Génesis, a una criatura inocente muriendo por el culpable, y en el Apocalipsis, al Cordero inmaculado muerto con el objeto de librar al culpable de la condenación (5.6-10).

Luego del avance del pecado en los primeros tiempos de la humanidad, como en el caso de los constructores de la torre de Babel, en cuyo juicio no aparece visiblemente un elemento de gracia como en los anteriores pecados, Dios decidió comenzar un pueblo santo, apartado de los demás, escogido, para que lo sirva y lo adore. Para ello escogió a Abraham y le prometió gratuitamente, entre otras cosas, engrandecer su nombre; en contraposición a los constructores de la torre de Babel que querían hacerse un nombre famoso por sus propios medios (Gn. 11.4b). En cierta manera, este pueblo escogido traería nuevamente la gloria de Dios al mundo. Y a fin de que el pueblo pueda conducirse santamente, Dios le dio un código de leyes (Éx. 20; Dt. 5; etc.) que gobernara su vida moral, nacional y religiosa. Entre las religiosas figuraban las leyes del sacrificio (Levítico 1 al 7), las que enseñaban al pueblo la manera justa mediante la cual debía allegarse a Dios y adorarlo.

Los sacrificios que el pueblo ofrecía eran para alcanzar la comunión con Dios y quitar los obstáculos que la impedían. Si algún israelita pecaba, tenía que traer un animal para sacrificarlo en el templo, para que el pecado fuera quitado y de esa manera reconstruir la comunión con Dios (Lv. 6.1-7). Luego que el pecador tenía arregladas sus cuentas con Dios y con su prójimo, y deseaba

130 | DEJATE TRANS**FORMAR**

consagrarse de nuevo, ofrecía un holocausto, el sacrificio de adoración (Lv. 1). Por tanto, estaba preparado para gozar de una comunión feliz con Dios, el cual lo había perdonado y aceptado, de manera que ofrecía una ofrenda de paces, el sacrificio de comunión (Lv. 3).

Según Pearlman, estos sacrificios eran buenos y cumplían un propósito en el plan divino. Eran válidos únicamente cuando se daban dos cosas: el arrepentimiento y la disposición interior. El arrepentimiento como mera fórmula externa no era suficiente, tenía que haber una transacción visible, indicando que el pecado había sido redimido (Heb. 9.22). Por otro lado, esta fórmula externa sin una disposición interna del corazón era una simple formalidad sin valor. Las dos cosas debían estar en unidad. El acto de sacrificio debe ser la expresión exterior de los sacrificios internos de alabanza, oración, justicia y arrepentimiento (Sal.4.5; 26.6; 50.12-14; 51.17; Pr. 21.3; Am. 5.21-24; Mi. 6.6-8; Is. 1.11-17).[3]

Quizá lo podamos entender mejor si lo expresamos de la siguiente manera: la conversión sin arrepentimiento no tiene valor, como tampoco un arrepentimiento sin conversión. Las dos cosas deben darse juntas, ninguna puede existir separada de la otra.

Los animales escogidos tenían que ser de la clase de los animales limpios para sostener la vida del hombre. Era necesario que fueran perfectos. Esta perfección física era un tipo de Jesús, quien iba a ser el sustituto de los pecadores. Se requería que el pecador trajera la víctima al altar, es decir, que el ser humano ofreciera al intermediario que expiaría su pecado. La víctima no era voluntaria, sino impuesta, al igual que había sucedido en el Edén con el animal que había sido sacrificado para cubrir la culpa y la vergüenza de Adán y Eva. Esto tenía su inconveniente. Pearlman lo resume así:

---

[3] Mayer Pearlman, Teología bíblica sistemática, Miami, Vida, 1985, p. 206.

Existía una amplia disparidad entre una criatura irracional e irresponsable, y un hombre hecho a la imagen de Dios; era evidente que el animal no realizó el sacrificio en forma inteligente o voluntaria, no existía comunión entre el oferente y la víctima. Era evidente que el sacrificio de un animal no podía, por una parte, equipararse al valor de un alma, ni tampoco podía ejercer poder espiritual en el hombre interior. No existía elemento alguno en la sangre de un ser irracional que pudiera realizar la redención espiritual del alma. Ello podía obtenerse solamente mediante la ofrenda de una vida humana perfecta.[4]

Por otro lado, la repetición de los sacrificios de animales señala su imperfección. No podían hacer perfecto al oferente (Heb. 10.1-2), es decir, proporcionarle una relación perfecta con Dios sobre la cual pudiera edificar su carácter. No podían darle esa experiencia de transformación espiritual de "una vez sola" (Heb. 10.10) que debiera ser el comienzo de una nueva vida.

Además, los sacrificios eran ofrecidos por sacerdotes imperfectos. Pareciera ser, entonces, que no había esperanzas. Pero vemos en el Antiguo Testamento que Dios animaba al pueblo de que esto se solucionaría con la venida del Mesías.

En el postrer tiempo, Dios haría un nuevo pacto con el pueblo, que sería mejor, pues el corazón del pueblo sería cambiado (Jer. 31.31-34). En Hebreos 10.17-18 tenemos la interpretación de estas palabras. La salvación perfecta sería realizada por medio de un sacrificio perfecto, por lo tanto, los sacrificios de animales no continuarían màs, ya que ese pacto interior sería de una vez y para siempre (Heb. 10.11-12).

Esto no quiere decir que los israelitas antes de Cristo no eran justificados, al contrario, tenemos en Hebreos capítulo once

[4] Ibíd., p. 207.

una lista de personas del Antiguo Testamento que fueron justificadas por medio de la fe, (Abraham, Moisés, Raab y otros). Los israelitas eran salvos en anticipación al sacrificio perfecto, de la misma manera en que nosotros somos salvos en consideración al sacrificio ya realizado (Ro. 3.25-26). En cierta forma, cuando Dios justificó a los creyentes del Antiguo Testamento lo hizo a "crédito", por expresarlo de alguna manera.

Ésta era la situación del Antiguo Testamento, por lo tanto, era necesario algo perfecto. Cristo, como sumo sacerdote, según el orden de Melquisedec (Heb. 5.6), como rey y sacerdote, fiel y justo, perfecto y santo, hizo a Dios una ofrenda para sustituir a los animales y que sea un sacrificio válido para siempre (Heb. 7.24), sin necesidad de que se repita. Jesús se ofreció a sí mismo para expiar los pecados de todo el mundo, nadie lo obligó. Aunque él sabía que debía haber derramamiento de sangre, de todas maneras aceptó tomar nuestro lugar.

A lo largo de las páginas de la Biblia, vemos que Dios es una persona santa. Dice el salmista "la justicia y el derecho son el fundamento de tu trono" (Sal. 89.14, NVI), mientras que el ser humano, como lo vimos anteriormente, es un ser pecador, que merece ser justamente castigado (Éx. 34.7).

El castigo del ser humano por su pecado es la muerte, pero Cristo se ofrece voluntariamente a morir en nuestro lugar para llevar sobre sí nuestros pecados, como lo hacían los animales en el antiguo pacto. El Nuevo Testamento nos enseña que la expiación es tanto posible como también necesaria, porque Dios es justo, pero a la vez es misericordioso. En lugar de castigarnos, Dios nos proporciona en Cristo el perdón de nuestros pecados. Pero, recordemos, el precio fue su muerte. Si no hubiera sido así, quedaría como si Dios no hubiese dado importancia al pecado, y no sería, por lo tanto, un Dios santo y justo.

En la cruz la pena del pecado fue pagada y fue honrada la ley divina. Dios pudo ser, de esa manera, misericordioso sin ser injusto, y justo sin demostrar falta de misericordia y bondad. Cristo murió por nuestros pecados, murió para sacarnos de esa oscura noche del alma en la que nos encontrábamos, sin esperanzas y sin sentido. Murió para romper esas barreras que nos separaban de Dios, y lo hizo para expiar, pagar, nuestro pecado. Esto significa que cubrió nuestros pecados (Sal. 78.38), no en el sentido de taparlos, sino en el sentido de borrarlos por completo. Él sufrió la ira de Dios y nos cubrió a nosotros (Lv. 4.20). El expiar el pecado significa ocultarlo de la vista de Dios, sacarlo del medio para que no estorbe más su relación con los seres humanos, a fin de que pierda el poder de provocar ira.

Con respecto a este término el doctor, Alfredo Cave dice:

La idea expresada por el vocablo original hebreo traducido "expiación" era la de cubrir y cubierta, no en el sentido de hacer que algo quede invisible para Jehová, sino en el sentido de que Jehová fije o concentre la atención en alguna otra cosa, de neutralizar el pecado, por así decirlo, de desarmarlo, de convertirlo en incapaz de provocar la justa ira de Dios. El expiar el pecado equivalía a arrojar, si se nos permite el vocablo, un velo tan deslumbrante sobre el pecado, que el velo, y no el pecado, quedaba visible, equivalía a colocar junto al pecado algo tan atrayente que absorbiera o cautivara por completo la mirada. La figura simbólica que el Nuevo Testamento emplea cuando habla del nuevo manto (de justicia), el Antiguo Testamento la emplea cuando habla de expiación. Cuando se hacía expiación de acuerdo con la ley, era como si Jehová, cuya ira se había encendido ante la vista del pecado y la maldad, era apaciguada por el nuevo manto colocado alrededor del pecado, o para emplear otra figura simbólica, que aunque moderna no es menos apropiada, era como si el pecador que había quedado expuesto al rayo de la ira divina, había sido envuelto rápidamente con una capa aisladora. La expiación significa cubrir al pecador de tal manera que su pecado quedaba invisible o desaparecía en el sentido de que no podía interponerse más entre él y su Hacedor. Un teólogo alemán dijo lo siguiente: "Cuando el hombre pecaminoso se aproximaba al altar de Dios, donde habitaba la santidad divina, su naturaleza pecaminosa se interponía entre él y Dios, y la expiación servía para cubrir sus pecados, para cancelar las acusaciones por las cuales había sido llevado ante el tribunal". [5]

Cuando el sacerdote aplicaba la sangre sobre el altar, el israelita tenía la confirmación de que la promesa que fuera hecha a sus antepasados, se cumpliría para él: Ccuando yo vea la sangre pasaré sobre vosotros" (Éx. 12.13, LBA). Las consecuencias de ello era que el pecado era borrado o deshecho (Jer. 18.23; Is. 43.25; 44.22), quitado (Is. 6.7), echado a la profundidad del mar (Mi. 7.19), echado tras las espaldas de Dios (Is. 38.17), perdonado (Sal. 78.38). Todos estos vocablos sugieren que el pecado es cubierto, de manera que quedan anulados sus efectos.

La muerte de Cristo fue una muerte expiatoria, porque quitó o deshizo el pecado (Heb. 2.17; 9.14, 26, 28; 10.12-14; 9.14). Expiar el pecado significa también cargar con él, quitarlo del corazón o de las espaldas del trasgresor, quien queda entonces justificado de toda injusticia, limpio de contaminación. La indiferencia que había en la comunicación con Dios es arreglada, y el ser humano es santificado para pertenecer al pueblo de Dios, es decir, que muere al pecado con el fin de vivir para Cristo.

Si seguimos el pensamiento legal o forense de la expiación, tenemos que los pecadores están bajo la ley y por ser todos trasgresores de la ley, están condenados. La pena que la ley

[5] Ibíd., p. 221.

demanda de los que no la guardan es la muerte eterna, física y espiritual. Dios se presenta como un juez que ejecuta la sentencia de la ley en la persona de Jesús, quien representa a los pecadores y cumple así las demandas de la ley. Por tanto, tenemos una manifestación de la justicia de Dios. Dios perdona a los pecadores porque la ley está cumplida por ellos en la persona de Cristo (Gá. 3.13; 4.4-5; Mt. 3.15; Ro. 3.25-26; 5.19; Heb. 9.28).

Redención

> La Biblia dice:
>
> No lo hizo con sangre de machos cabríos y becerros, sino con su propia sangre, logrando así un rescate eterno (Heb. 9.12, NVI).
>
> Y entonaban este nuevo cántico:
> "Digno eres de recibir el rollo escrito
> y de romper sus sellos,
> porque fuiste sacrificado,
> y con tu sangre compraste para Dios
> gente de toda raza, lengua, pueblo y nación".
> (Ap. 5.9, NVI).

El término griego *lýō*, 'desatar, liberar', aparece 42 veces en el Nuevo Testamento y describe más bien un acto de liberación desde el punto de vista de la supresión de las ataduras mediante la acción de desatarlas, pero también desde el punto de vista del rescate (mediante la entrega de algo a cambio); *lýtron*, 'rescate'. El verbo griego *sōzō*, que es el que se utiliza con mayor frecuencia (106 veces) y el que posee la más amplia gama de matices, subraya por lo general la acción de arrancar, salvar de un peligro que amenaza la vida, mediante la puesta en juego de una fuerza superior. El término griego *'rýomai*, que aparece en 16 ocasiones y cuya gama de significados es la más reducida, pone de relieve la acción de preservar y proteger de un peligro amenazador o inminente (defender).[6]

Por lo tanto, podemos presentar la obra de redención básicamente en tres aspectos: 1) Jesús con su muerte nos rescata de las ataduras, del dominio que Satanás tenía sobre nosotros; 2) nos libró de la culpa del pecado, y a su vez, 3) nos salvó del peligro que nos amenazaba, el juicio y la condenación eterna. Pensando en el tercer vocablo, 'rýomai, nos libera también de la amenaza que para nuestra fe constituye el entorno pagano (2 Pe. 2.3).

El término griego apolýtrōsis se encuentra diez veces en el Nuevo Testamento, en los escritos paulinos, dos veces en Hebreos y una vez en Lucas; aquí aparece la preferencia del griego helenístico por los compuestos.

En Hebreos 5, la palabra tiene un sentido profano y significa la liberación que los mártires no quieren comprar renegando de su fe (2 Macabeos 7.24). Lucas 21.28 trata de la liberación al fin de los tiempos que servirá de consuelo a los discípulos de Jesús por encima de todos sus temores: "Poneos derechos y alzad la cabeza, que se acerca vuestra liberación." A esta liberación se refiere también Efesios 1.14 y 4.30. Según Romanos 8.23, ella traerá también consigo la liberación del cuerpo (no en el sentido de quedar liberado del cuerpo, sino de transformar toda la existencia; cf. Fil. 3.21: "Él transformará nuestro cuerpo miserable para que sea como su cuerpo glorioso", NVI). [7]

La redención produce la justificación legal. Cristo, como manifestamos anteriormente, se ofreció voluntariamente ocupando nuestro lugar y sustituyendo a los animales del antiguo pacto, para apaciguar la ira de Dios sobre nosotros, los seres humanos, a causa de nuestro pecado, "porque la paga del pecado es muerte" (Ro. 6.23, NVI).

---

[6] Lothar Coenen y otros, Diccionario teológico del Nuevo Testamento, Madrid, Sígueme, 1984, p. 54.
[7] Ibíd., p. 58.

El ser humano a causa de su pecado pierde su estado de libertad y cae bajo el dominio del pecado y de Satanás. Por lo tanto, queda atado, dominado por él y en prisión; expuesto, además, a la condenación eterna. Desde este punto de vista, el ser humano no puede liberarse por sí mismo, no puede liberarse de la prisión y escapar de las garras del enemigo, de modo que tiene que recurrir a un tercero. Ese tercero y único fue y es Jesucristo, quien nos rescató de la condenación por medio del derramamiento de su sangre, al entregar su vida.

Notemos que tanto Hebreos como Apocalipsis, en los pasajes anteriormente citados, no desligan la sangre de la redención. Las dos cosas van juntas. No hay redención sin derramamiento de sangre, y porque Jesús ha derramado su sangre, puede redimirnos. La sangre era el precio del castigo por el pecado. Desde este punto de vista, la obra de un tercero como redentor sugiere los vocablos griegos que describen esa acción, vistos anteriormente: *lýö, sözö y 'rýomai*.

Para redimirnos, entendiendo el sentido amplio de este término, Jesucristo tuvo que dar su vida, tuvo que derramar su sangre. Cuando él se encontraba colgado en la cruz, pronunció las palabras "Consumado es" (Jn. 19.30b, RV 60), que se referían a la salvación. Estas palabras que tienen una amplia connotación legal, fueron pronunciadas posiblemente en el idioma arameo, pero el autor en griego escribió como tetélestai, término griego muy común en los días de antaño. Por ejemplo, en algunas cárceles de la época, en las puertas de las celdas había un papel en donde estaban escritos todos los delitos cometidos y los años de condena que el reo tenía que pagar. Cuando éste cumplía su condena, sobre ese mismo papel ponían un sello que decía "*tetélestai*", que quería decir 'consumado es' o 'ya está pago'. Entonces, si alguien quería acusar a la persona por los crímenes cometidos, este presentaba su papel, en donde estaban escritos sus delitos y los años de condena, y le mostraba al inoportuno señor el sello "*tetélestai*" o "ya está pago". [8]

Trayendo este concepto a nuestra realidad, sería como cuando compramos algo y el comerciante coloca el sello "pagado" en la factura del artículo comprado. Si alguien luego nos quiere acusar de que hemos robado ese artículo, o de que no hemos pagado, tenemos la factura de compra con el sello "pagado" como prueba de nuestra honradez.

Volver vez tras vez sobre estos conceptos puede sonar repetitivo y sin sentido, pero lamentablemente no es así. En los años de experiencia pastoral y de consejería me he encontrado con una cantidad alarmante de cristianos bautizados y con muchos años en la iglesia que no tenían la seguridad de la salvación. Pienso en la querida iglesia de Puán, al sur de la provincia de Buenos Aires, en la Argentina, en donde fuimos pastores por varios años. Cuánta libertad espiritual y qué despegue de crecimiento en sus relaciones con el Señor tuvieron los hermanos y hermanas al entender y comprender que la salvación es netamente gratuita. Esto hoy ha redundado también en un crecimiento numérico. El argumento que muchas personas que hemos conocido tenían para ser salvas fue que eran bautizadas, o miembros fieles y que ayudaban a otros, es decir, una salvación por obras meritorias.

Cuando creemos que nuestros pecados fueron pagados en un ciento por ciento y nuestra convicción es genuina, somos trasladados del estado de muerte y perdición a un estado de vida, porque es el mismo Cristo, el Jesús resucitado, quien comienza a vivir en nosotros, dándonos una vida abundante aquí y prolongándola a la eternidad.

El autor de Hebreos plantea una realidad que podemos tener los creyentes, la realidad del reposo de las obras meritorias

---

[8] D. James Kennedy, Evangelismo Explosivo, Buenos Aires, EEIII, 1987, p. 246.

(Heb. 4.1-13). Cabe hacernos una pregunta: ¿Hasta qué punto gozamos de reposo intelectual en la verdad de Dios, reposo de conciencia en el perdón que Dios nos da y reposo de corazón en el amor de Dios que no cambia? Estimado amigo lector, si aún no ha experimentado el descanso verdadero que Cristo ofrece, no deje pasar más tiempo y aférrese a lo que Cristo hizo por usted.

En una de las clases del Instituto Bíblico Buenos Aires, en donde recibí la mayor parte de mi capacitación ministerial, un profesor dijo que Jesús dejó su cuerpo a José de Arimatea, su túnica a los soldados, su madre al cuidado del apóstol Juan y su paz a sus discípulos. Es la "paz con Dios" de Romanos 5.1 y el "descanso" de Mateo 11.28-29 que Jesús quiere darnos. De todos modos, usted puede preguntar: "¿Cómo podemos estar seguros de gozar de esa paz?". Básicamente, hay tres cosas que debemos tener en cuenta:

- Hay algo que debemos dejar de hacer (Heb. 4.10). Así como Dios dejó de trabajar en la creación, y descansó cuando estaba completa, nosotros tenemos que dejar de hacer esfuerzos para entrar en la vida eterna, ya sea tratando de ser buenos, religiosos o de colaborar con Dios. Tenemos que descansar en lo que Cristo ya hizo por nosotros (Heb. 2.14-18; 3.1, 2, 6).
- Hay algo que debemos tener (Heb. 4.2-3, 11). Dios tenía como propósito poner en libertad a los esclavos israelitas, al rescatarlos de su duro trabajo en Egipto y dárles reposo en Canaán. Pero el reposo de liberación se quedó a medias, ¿por qué? Por la incredulidad y la desobediencia (Heb. 3.8-12, 18-19; 4.2, 6, 11). Necesitamos preservar nuestra confianza en Dios, es decir, necesitamos tener fe.
- Hay algo que debemos utilizar (Heb. 4.12). La fe que nos trae paz con Dios tiene su fuente en la Biblia, la Palabra escrita de Dios. Ésta debe echar profundas raíces en no-

sotros para poder traer a la luz nuestros pensamientos y deseos más íntimos y ocultos. Debemos confiar en sus promesas. Él prometió vida eterna para aquellos que creyeran en él. El descanso o la paz que Dios nos da no es algo pasivo, que no hace nada, sino que es algo activo y que trae sus buenos resultados.

Con la frase "Consumado es", Jesús estaba diciendo que todo estaba pago, que no había nada más por hacer: la redención ha sido completada el ciento por ciento. Las demandas de Dios por nuestros pecados han sido satisfechas, la justa ira de Dios ha sido aplacada, apaciguada. Jesús estaba diciendo con ello que su obra es suficiente y que no hace falta ningún otro tipo de "agregado" para la redención del ser humano, porque "consumado está". Además, se refería a que los padecimientos que vino a sufrir estaban cumplidos y acabados, que eran suficientes. Asimismo, también estaba diciendo que la ley de ceremonias y sacrificios quedaba abolida.

Propiciación

La Biblia dice:

A quien Dios puso como propiciación por medio de la fe en su sangre, para manifestar su misericordia, a causa de haber pasado por alto, en su paciencia, los pecados pasados (Ro. 3.25, RV 60).

Y él es la propiciación por nuestros pecados, y no solamente por los nuestros, sino también por los de todo el mundo (1 Jn. 2.2, RV 60).

La propiciación produce la reconciliación fraternal. Somos salvos por medio de la redención de Jesucristo, lo que quiere decir: liberación por medio de un rescate. Para rescatarnos, la justicia pagó un precio. ¿Cuál es ese precio? La propiciación. La propiciación es algo agradable a Dios, con lo cual se lo mueve a la bondad y la misericordia. Para entender mejor las citas de Romanos 3.25 y 1 Juan 2.2, tenemos que remitirnos nuevamente al Antiguo Testamento.

Los dos machos cabríos del gran día de la expiación representan los dos grandes efectos del sacrificio de Cristo (Lv. 16.7-8). En el gran día de la expiación, el sumo sacerdote presentaba esos dos machos cabríos delante de Yahvé. Tenía que echar suerte sobre ellos, y sobre el que ésta caía era degollado y su sangre llevada por el sumo sacerdote dentro del tabernáculo, pasando el segundo velo, dentro del lugar santísimo. Allí el sumo sacerdote rociaba la sangre sobre el "propiciatorio". De acuerdo con el diccionario bíblico, el propiciatorio era:

La plancha de oro que sostenía los querubines sobre el arca del pacto (Éx. 25.17-22). Este nombre deriva del propiciatorium (traducción de la Vulgata del término hebreo *kapporet*). Los dos querubines, que también eran de oro, estaban frente a frente en los extremos del propiciatorio, lo cubrían con sus alas y formaban con él una sola pieza. Encima del propiciatorio y entre los querubines, Jehová hablaba con Moisés comunicándole sus órdenes (Éx. 25.22; Nm. 7.89; cf. Lv. 16.2 "en la nube sobre el propiciatorio").

El ritual del gran día de expiación prescribía que Aarón pusiera perfume sobre el fuego delante de Jehová; la nube del perfume cubriría el propiciatorio que estaba sobre el testimonio. Esto evitaba que Aarón muriera y probaba la presencia de Dios sobre el propiciatorio. Luego Aarón debía tomar sangre del becerro y rociar siete veces el propiciatorio, para purificar el santuario de las impurezas de Israel (Lv. 16.14). El propiciatorio era prototipo de Jesús. Por eso Pablo declara enfáticamente que Dios ha puesto a Cristo como "propiciación por medio de la fe en su sangre" (Ro. 3.25, RV 60). [9]

Cristo, siendo el propiciatorio, derramó sobre sí mismo su propia sangre, que era el precio establecido por Dios para pagar por el pecado. Por consiguiente, tenemos, primeramente, satisfechas por completo las demandas santas y justas del trono de Dios en cuanto al pecado. Por lo tanto, si Cristo ocupó nuestro lugar y reemplazó a los animales, podemos decir que su muerte produjo la expiación del pecado humano.

El sacrificio de la propiciación, o el sacrificio propicio, aproxima al ser humano a Dios, lo reconcilia con él, al expiar sus trasgresiones y ganar el favor y la gracia divinos. Dios, lleno de misericordia, acepta el don de la propiciación y restaura al pecador a su amor. Propiciación significa algo propicio para apaciguar la justa ira de un Dios santo mediante el ofrecimiento de un sacrificio expiatorio (sería el manto rutilante que capta la atención de Dios). Propiciado (Jesucristo) agrada a Dios porque es Dios mismo. En este sentido, nada que fuera menos que Dios satisfaría las exigencias de perfección de él.

El pecado, como vimos, mantiene al ser humano distanciado de Dios, pero Cristo ha tratado de tal manera con el pecado, a favor de los hombres, que su poder de separación ha sido anulado. Por lo tanto, el ser humano puede ahora acercarse a Dios. El más sublime de todos los privilegios ha sido comprado por un gran precio, la sangre de Cristo, el Hijo de Dios.

La propiciación ha sido efectuada sin la intervención de la fe del ser humano. Cristo "gustó la muerte por cada ser humano",

---

[9] Wilton M. Nelson, Diccionario ilustrado de la Biblia, Miami, Caribe, 1974, p. 526.

"se dio a sí mismo en rescate por todos", sea que se aproveche de ello o no. La fe no interviene en la propiciación, pero sí se beneficia de ella. La reconciliación con Dios está hecha, pero sin fe es imposible disfrutarla. La propiciación es únicamente por la sangre. En la propiciación hay cuatro elementos esenciales:

- Hay una ofensa que debe ser quitada.
- Hay una persona ofendida que debe ser apaciguada.
- Hay un culpable de la ofensa.
- Hay un sacrificio o algún otro medio por el cual la ofensa es apaciguada o quitada.

Todo el mundo es culpable. Es ofensor, y la persona ofendida, en este caso, es Dios. El que quita la ofensa es Jesucristo. La diferencia entre la propiciación pagana y la de Dios es que Dios ofrece la propiciación, pagando el único precio aceptable por su justicia: muerte. El ser humano no hace nada. El que es ofendido provee el camino de la salvación; las fuentes humanas siempre quedan cortas. En la cruz del Calvario, la justicia y la misericordia de Dios se besan, se unen, y las demandas de Dios por el pecado son satisfechas.

El fin de la propiciación, según Mullins, es el siguiente:

- Es el medio de Dios para dar el perdón o la remisión de los pecados (Mt. 26.28).
- Es el método de Dios para producir hombres y mujeres justos, perfectos.
- Es el método de Dios para crear una sociedad santa.
- Es el método de Dios para producir una sociedad santa en la que la relación de Padre e Hijo ha de ser la suprema expresión de la relación entre Dios y los seres humanos.[10]

---

[10] Edgar Mullins, La religión cristiana en su expresión doctrinal, El Paso, Casa Bautista de Publicaciones, 1933, p. 322.

Por medio de la propiciación de Cristo, nosotros somos reconciliados, liberados por su gracia. Dios ha propuesto a Cristo como una propiciación por nuestros pecados. Ahora podemos apropiarnos de los beneficios (y demandas) por la fe. El objeto que Dios se propuso es la exhibición de su justicia, a causa de la remisión de pecados cometidos anteriormente, y para que él sea justo y justificador de aquel que tiene fe en Jesús (Ro. 3.24-26).

¿Por qué tuvo que morir Jesús? Como vimos anteriormente, la muerte se relaciona con el pecado, como la pena o salario de él (Ro. 6.23). Esto no significa solamente muerte física, sino separación total de todo el ser con Dios. La relación entre pecado y muerte es la expresión de una ley eterna dada por Dios (Gn. 2.17).

Por otro lado, la ley de pecado y de muerte fue operativa en la raza pecaminosa. El principio de pecado-muerte tenía al ser humano en su poder, lo tenía atado, esclavizado, inmovilizado y congelado en una muerte eterna. Si los seres humanos han de ser redimidos del poder del principio del pecado-muerte, aquel poder tiene que ser quebrantado, tiene que ser anulado (Ro. 8.2).

Según Mullins, el pensamiento de Pablo probablemente sea el siguiente:

> Este principio de pecado-muerte operativo en la humanidad tiene que ser vencido y destruido por el principio de la obediencia-vida operativo en Cristo. En otras palabras, la muerte de Cristo fue el medio de Dios para reconciliarse de un modo salvador con los hombres pecaminosos. Cristo vino a ser orgánicamente uno con los hombres, hasta el punto de morir por ellos a fin de que su justicia llegase a ser un poder salvador en la raza. La ley del espíritu de vida que había en él, venció así la ley del pecado y de la muerte que había en ellos. La propiciación fue así un medio adoptado por Dios para asegurar un fin definido. El fin y los medios no fueron arreglados arbitrariamente. Ambas cosas se originaron en necesidades

inherentes en el reino moral. Estuvieron arraigados en la naturaleza moral de Dios y del hombre. Son un caso claro de causa-efecto espirituales.[11]

Cristo ha hecho posible la restauración. Ha logrado con su expiación, redención y propiciación la justificación, la reconciliación y la regeneración de la raza humana. El precio ha sido pagado, legalmente ganado. La victoria ha sido de Cristo, está en cada ser humano creerlo o no. El precio es vida por vida. No hay otro. Por lo tanto, todo otro elemento de pago es inútil, resultan en ridículos "agregados" que no sirven como precio, porque no son el precio: la muerte.

Preguntas para el estudio y la discusión

1. Resuma brevemente de qué es salvo el ser humano.

2. Nombre cuáles son los tres elementos relacionados con la obra de Cristo en la cruz.

3. Describa brevemente qué entiende por expiación.

4. ¿Cuál era el objetivo de los sacrificios de animales en el Antiguo Testamento?

5. ¿Cómo eran justificados los israelitas antes de Jesús?

6. Explique brevemente lo que entiende por redención.

7. ¿Cuáles son los tres términos griegos que describen mejor el

[11] Ibíd., p. 326.

concepto de redención y qué significan cada uno de ellos?

8. Explique brevemente lo que entiende por propiciación.

9. Nombre cuáles son los cuatro elementos esenciales en la propiciación.

10. Según Mullins, ¿cuáles son los cuatro fines de la propiciación?

Actividades de aplicación

1. ¿Cómo resumiría la obra de Cristo por usted?

2. Explique brevemente en qué áreas de su vida, con relación a su salvación, ha tenido mayores conflictos.

3. Si hasta este momento no ha experimentado la vida eterna como un regalo de Dios, pídale a Jesús que entre en su corazón y le perdone todos sus pecados. Si ya lo ha experimentado, eleve una oración de gratitud a Dios por el regalo de la vida eterna.

10
Resultados de la obra de Cristo

E L DIAGNÓSTICO DEL PROBLEMA HUMANO FUE expuesto. El hombre sin Dios está enfermo, está separado de él y condenado por sí mismo a una vida de sufrimiento y muerte eterna. Pero Dios no solamente diagnosticó su problema, sino que le ofreció el antídoto para solucionarlo. El antídoto fue algo propicio, su expiación fue voluntaria, y la hizo con el propósito de redimirnos de nuestros pecados. Ahora ese antídoto tiene el poder de restaurar a la humanidad, que fue diagnosticada enferma, separada, condenada. El resultado de la muerte de Cristo es amplio y no lo podemos limitar a unas pocas páginas; tan solo veremos dos resultados básicos: la justificación y la reconciliación.

Justificación

Desde el diagnóstico de la raza humana, en el trasfondo de la incapacidad radical de salvación que afecta a toda la humanidad, tanto judíos como gentiles, se presenta la justicia de

Dios como antídoto a la enfermedad. Se manifiesta en el que cree, es decir, el que acoge la obra redentora de Cristo (Ro. 3.21-31). Se trata aceptar y tomar esta medicina gratuitamente. La justificación legal se presenta como consecuencia de la redención o el precio pagado.

La justicia de Dios no se expone como un premio por el obrar del ser humano, sino como una actitud personal de Dios en permanecer fiel a sus promesas de modo incondicional. Es una justicia que no puede ser suprimida por el pecado del ser humano, pues la justicia de Dios está precedida por su santidad y por su *agápë* (amor incondicional).

Sobre el trasfondo dramático de la situación humana, y bajo las potencias personificadas del mal, el amor de Dios se manifiesta en la muerte de Cristo por los pecadores. Sobre la base de la raíz griega, las palabras traducidas comúnmente "justificación", "justo", "justificar" y "justicia" deben ser entendidas conjuntamente.

En el Nuevo Testamento, estas palabras describen la obra de la libre gracia de Dios, por la cual él lleva al hombre a la fe, en la que éste recibe una nueva ubicación y un nuevo camino de vida. La justificación es el acto soberano de Dios por el cual, por pura gracia y a base de su pacto, declara aceptos ante él a quienes creen en su Hijo (Ro. 4.2-5). Como dice Stagg, la "justificación" es la palabra creativa de Dios, en la cual él está haciendo justo a un hombre aún mientras le da una ubicación favorable.[1] Por lo tanto, la justificación, desde el punto de vista legal, es un cambio de estado realizado por Dios. No un cambio de la vida interior en sí, sino que el cambio interior es consecuencia del cambio de estado de enemigo por el de amigo. El cambio interior lo irá realizando el Espíritu Santo en la medida en que el creyente se vaya entregando a Dios.

[1] Frank Stagg, Teología del Nuevo Testamento, Buenos Aires, Casa Bautista de Publicaciones, 1976, p. 103.

En Romanos, en cierta manera, vemos una contraposición entre los judíos y Pablo. Para ellos, la justicia es el reconocimiento por parte de Dios de algo que hay en el ser humano, mientras que para Pablo, Dios no encuentra nada que reconocer en éste, ya que es un ser pecador y no se puede jactar de obras meritorias. En este sentido, vemos entonces que la justicia de Dios, o la justificación del ser humano, es un regalo, porque no hay nada realmente puro en el interior del ser humano, por lo que no merece la justificación.

El punto de partida de la justificación no es el pecado del ser humano, sino el "misterio", el plan de Dios en Jesucristo explicado por el pensamiento paulino. El ser humano es pecador porque ha rechazado el plan de Dios. Esto lo vemos claramente al remitirnos al relato del Edén.

Adán y Eva rechazaron el plan de Dios, y a partir de ahí lo hizo toda la raza humana (1 Co. 1.31; Ro. 2.12-23). El pecado es una autoglorificación del ser humano, que pone su confianza en sí mismo por medio de la confianza en el enemigo (la serpiente en el Edén), en lugar de insertarse en el plan de Dios que tiene a Cristo como centro y como cima. El ser humano ha pecado al transferir la fe que tenía en Dios hacia el enemigo de Dios. Anterior al pecado (según el Génesis), está la vocación del ser humano a ser de Cristo.

Lo que Dios hace al justificar al ser humano es colocarlo nuevamente en ese mismo estado. El origen de la justificación está en Dios, sobre el aspecto gratuito de la justicia. La perspectiva no es ya la del mérito o falta de mérito del pecador, sino la de la decisión libre de Dios de comunicarse al ser humano. El perdón gratuito de pecados es la aplicación de la gratuidad más vasta de todo el plan salvífico de Dios para el ser humano.

La justicia de Dios coincide con el don de Dios y su reclamo. La justificación es un estado de aceptación de Dios por su obra. Es un acto judicial de Dios en el cual él declara, sobre la base de la justicia de Cristo, que todas las demandas de la ley están satisfechas con respecto al pecador. La demanda de Dios para satisfacer su ira era la muerte eterna del pecador. Cristo al hacerse hombre y morir en nuestro lugar ha aplacado esa ira, ha satisfecho la demanda de Dios. Por lo tanto, cuando el ser humano cree en ese mensaje, en el tribunal de Dios, él lo declara justo, aceptado.

La palabra "justificación" está contrastada por la de "condenación". Éste es el gran y maravilloso mensaje, éstas son las buenas nuevas: que Cristo se hizo hombre, se identificó con nosotros para luego morir en nuestro lugar, apaciguando de esa manera, y para siempre, la ira de Dios, y satisfaciendo con su muerte las demandas del pecado. Esta justificación logró que la posición del ser humano vuelva a su estado original, que el ser humano se reconciliara con Dios y diera lugar a la regeneración de la raza humana.

Reconciliación

Por lo tanto, sin alguno está en Cristo, es una nueva creación. ¡Lo viejo ha pasado, ha llegado ya lo nuevo! Todo esto proviene de Dios, quien por medio de Cristo nos reconcilió consigo mismo y nos dio el ministerio de la reconciliación: esto es, que en Cristo, Dios estaba reconciliando al mundo consigo mismo, no tomándole en cuenta sus pecados y encargándonos a nosotros el mensaje de la reconciliación. Así que somos embajadores de Cristo, como si Dios los exhortara a ustedes por medio de nosotros: "En nombre de Cristo les rogamos que se reconcilien con Dios" (2 Co. 5.17-20, NVI).

Es interesante notar la secuencia que se encuentra en este pasaje. Dios, al justificarnos, perdona nuestros pecados, por ende, las cosas viejas pasaron y son hechas nuevas. Como resultado se efectúa nuestra reconciliación con Dios, quien nos comisiona a ser reconciliadores de la humanidad.

Aquí enfatizamos nuevamente que si no hay una verdadera concientización de la real situación del ser humano sin Dios, es imposible entender en su total dimensión el misterio de la reconciliación con Dios y sus derivados.

El ser humano sin Dios, más allá de no tener paz, de estar cargado de pecados y de estar condenado, es un real enemigo de Dios, porque está bajo el domino, quiéralo o no, del enemigo acérrimo de Dios, Satanás. No solamente son enemigos de Dios los que lo profanan y lo maldicen, o los que lo niegan rotundamente. Todo aquel que no fue hecho una nueva criatura es enemigo de Dios. Para Dios no hay punto neutro, o somos amigos de él o somos sus enemigos. O juntamos con él o desparramamos (Mt. 12.30). Y por ser el ser humano enemigo de Dios, no tiene acceso a ninguno de sus beneficios preparados para los hijos de Dios, y menos aún a la vida eterna.

Lo que Cristo logró con su muerte en la cruz fue ubicar al ser humano en la posición que tuvo al principio de la humanidad. Adán y Eva eran amigos íntimos de Dios. Luego de desobedecer, se transformaron automáticamente en los enemigos de Dios por hacerle caso al que ya era enemigo de él. Luego de pecar, ellos y toda su descendencia pasaron a ser enemigos de Dios. Lo que Cristo logró es colocar al ser humano nuevamente en el estado de amistad con Dios. El precio fue su muerte, pero el resultado es que ahora nos podemos acercar confiadamente al trono de la gracia de Dios (Heb. 4.16) por cualquier necesidad o gratitud que tengamos; además, él nos considera sus amigos (Jn. 15.14).

Es importante recalcar que el sujeto de la reconciliación es Dios y no los seres humanos. La reconciliación es consecuencia de la propiciación que Dios ha ofrecido en Cristo. Aquí vemos algo maravilloso, digno de nuestra admiración y adoración a Dios: Dios era el que estaba ofendido con el ser humano y es él quien se acerca y nos ofrece nuevamente su amistad. La reconciliación obrada por Dios es, pues, la aceptación cumplida (Ro.

5.10, cuando todavía éramos enemigos) que precede a todo obrar humano. La reconciliación es algo que la humanidad no puede lograr por ningún medio; Ya está dada y, sencillamente, hay que aceptarla, creerla, vivirla... o rechazarla. La reconciliación es la obra divina de destruir la separación (alienación) ligada al pecado del ser humano.

En lugar del término griego *dikaiosýnē* (justicia), puede entrar también el concepto *katallagë* (reconciliación), para describir la nueva situación que Dios mismo ha abierto a la humanidad. Si nos detuviéramos a investigar profundamente estos dos términos, descubriríamos que se confirman mutuamente. La idea de la reconciliación la encontramos a lo largo de todo el Nuevo Testamento, pero el texto mismo corresponde especialmente a cuatro grandes pasajes de las cartas de Pablo, quien desarrolló este concepto (Ro. 5.10ss.; 2 Co. 5.18-21; Ef. 2.16 y Col. 1.20).

La palabra griega *katallagë*, en su sentido literal, tiene que ver con un cambio o intercambio, hacer que alguien sea "de otro modo". La palabra reconciliación, el llevar a uno junto al otro, representa correctamente la idea neotestamentaria. [2]

Por medio de la reconciliación se ve claramente que se ha realizado una conversión total de las relaciones entre Dios y los seres humanos, los cuales eran enemigos (Ro. 5.10). La conversión acontece, como pone de manifiesto 2 Corintios 5.19, mediante la no computación por parte de Dios de los pecados de los hombres, y ello en la línea de ser justificado no sobre la base de la acción o del comportamiento humanos, sino por propia iniciativa gratuita de Dios (2 Co. 5.18).

Es sorprendente notar que la reconciliación no se refiere básicamente al perdón de los pecados, porque esto ocurre en el momento de ser justificado. La reconciliación se da en el mismo momento que la justificación, pero es un paso más que Dios da

---

[2] Ibíd., p. 109.

hacia el ser humano. Él muy bien podría justificarnos, o perdonar nuestros pecados, y seguir manteniendo una distancia, en cuyo caso la justificación sería inútil, pues nos mantendría separados (muertos). Por eso Dios no se queda allí, sino que avanza un poco más y nos dice: "No solamente los perdono, sino que los vuelvo a tomar como mis amigos, para que de ahora en más vivamos una relación de afecto y amistad, lo que con sólo perdonarlos no la podrían experimentar". En otras palabras, la reconciliación no es aplacar la ira de Dios. La ira de Dios ya ha sido aplacada mediante la muerte de Cristo.

La reconciliación es algo que nace de Cristo como un regalo más. Aunque podríamos pensar que si Dios nos perdonó y nos justificó, ¿qué impide que volvamos a ser nuevamente amigos de él? Existe una estrecha relación con la muerte de Cristo, porque sin ella no habría reconciliación. Un ejemplo de reconciliación en los evangelios es la parábola del hijo pródigo (Lc. 15.11-24). Este hijo no tenía ningún derecho de que su padre se reconciliara con él y lo tomara nuevamente como hijo. Él podría haberlo recibido en su casa, perdonado y tenerlo como un peón más. Pero su amor lo motivó a dar un paso más hacia adelante, lo motivó a entablar nuevamente una estrecha relación de afecto y de amistad, de relación de padre e hijo. Por otro lado, pretender ser justificados, y no reconciliados con Dios, es una ofensa a él. (Por alguna razón el hijo pródigo no alcanzó a decirle a su padre lo que había pensado anteriormente mientras cuidaba de los cerdos: que lo haga como un jornalero más.) La manifestación del amor del padre cobijó al hijo y le hizo olvidar aquello que posiblemente hubiera ofendido a su padre Frente a este regalo, al ser humano le corresponde solamente aceptarlo, vivirlo, cuidarlo, disfrutarlo o rechazarlo.

Dios no se caracteriza por ser enemigo del ser humano,

al contrario, es un Dios que siempre espera el regreso de su hijo que se ha convertido en enemigo suyo. Esto lo vemos con frecuencia en la historia del pueblo de Israel.

Según leemos en 2 Corintios 5.18-20, hay otra reconciliación más, que es una misión que deben desarrollar los ya reconciliados con Dios: es la reconciliación del ser humano con Dios y del ser humano con su prójimo.

Al "mensaje de reconciliación" (2 Co. 5.19) corresponde el "servicio de la reconciliación" (v. 18), en el que el mismo apóstol se halla. No podemos pensar que meramente en un servicio dominical se produzca o reproduzca la reconciliación entre los seres humanos. Es algo sumamente importante. La reconciliación con los seres humanos debe darse en la acción reconciliadora, en la cotidianidad de la vida, (es decir, cada día debemos llamar a los seres humanos a que se reconcilien con Dios, con los demás, con la naturaleza y con ellos mismos). Al aceptar este ministerio, esta llamada a la fe (2 Co. 5.20), vivimos la reconciliación y la proclamamos al mundo. A lo largo de las horas de cada día, no importa en donde nos encontremos, tenemos que estar reconciliándonos y reconciliando al mundo con Dios. La reconciliación es el evangelio de Cristo, es el mensaje en el cual Cristo nos dice: "Yo los perdono y los hago mis amigos".

Los pasajes de Colosenses 1.20-22 y Efesios 2.16 se refieren ampliamente a este ministerio de reconciliación humana entre gentiles y judíos, y el mundo en general. La Biblia nunca permite un divorcio entre la propia relación con Dios y con el otro. No es aceptado estar en amistad con Dios y enemistado con el prójimo. Del mismo modo en que el apartamento de Dios se refleja un su apartamiento de los demás, así también la reconciliación con Dios implica la reconciliación con los demás. Si no hay reconciliación con los hombres, o la persona no entendió bien lo que significa reconciliarse con Dios, o nunca se reconcilió genuinamente con él. La cruz es contraria a Babel, en donde sólo hubo confusión y enemistad. El propósito de Cristo de unir a judíos y gentiles (Ef. 2.15-16) es para que "mediante la cruz reconciliar con Dios a ambos en un solo cuerpo, matando en ella las enemistades". Este mismo énfasis encontramos en Colosenses 1.20ss. La iglesia misma es el gran cumplimiento de Dios al hacer que estos pueblos, antes hostiles entre sí, fueran "un solo y nuevo hombre" (Ef. 2.15).

Un ejemplo de reconciliación con los seres humanos que encontramos en los evangelios es la parábola del buen samaritano. Si estudiamos el trasfondo de todo este relato, la relación que había entre los judíos y los samaritanos y por qué Jesús lo eligió, entenderíamos claramente lo que Dios quiere decir al referirse que debemos reconciliarnos con nuestro prójimo.

Partamos de la base: la experiencia de la reconciliación con Dios es la puerta para que los seres humanos se reconcilien entre sí. Hablar de pacificación y justicia en el mundo sin hablar de una sincera y profunda reconciliación con Dios, es tan utópico e imposible como pretender que el agua se mezcle con el aceite o que los manzanos produzcan limones.

La iglesia de Jesucristo tiene un ministerio de reconciliación hacia y con el mundo, pero nunca lo desarrollará en su plenitud si esto no es primeramente realidad dentro de la misma iglesia. Por lo tanto, desde el punto de vista bíblico, no es de ninguna manera aceptable una división en la iglesia, ya que todos somos uno en Cristo. La reconciliación supera las barreras raciales, sociales, de intelecto y de sexo (Gá. 3.28). La obra reconciliadora de Dios no paraliza las iniciativas humanas, sino que libera y empuja a la acción para trabajar en el mundo por la prosecución de la reconciliación. El compromiso en esta misión contribuirá decisivamente a recobrar la credibilidad, ampliamente perdida, del mensaje cristiano de reconciliación. Alguien escribió diciendo que:

El camino personal de Jesús nos ha mostrado qué significa en concreto el camino de la reconciliación y a dónde conduce. Jesús llevó a cabo la reconciliación, no sólo porque anunció a los sin Dios el evangelio de la cercanía de Dios, sino también porque curó enfermos, expulsó demonios, se sentó a comer con recaudadores de impuestos y pecadores y tomó partido por los pobres, hambrientos y miserables. Por romper las barreras divisorias entre Dios y los hombres, justos e injustos, sanos y enfermos, satisfechos y a hambrientos, entró en conflicto mortal con los enemigos de la reconciliación, vivida de este modo concreto. Así se realizó la obra terrenal de Jesús, dentro de las limitaciones espacio-temporales propias del hombre, la fundación de una comunidad entre Dios y el hombre, y de los hombres entre sí, que corresponde exactamente en su estructura a lo que Pablo describía como reconciliación.[3]

Una tercera reconciliación que el ser humano debe aprender está en relacionarse con la misión cultural (medio ambiente), no sólo en la actitud de la contemplación de un hermoso paisaje, sino en la comprensión de una responsabilidad de protección y de identificación hasta que Dios nos dé "cielos nuevos y tierra nueva". Como vimos anteriormente, el ser humano, además de estar separado de Dios y de los demás, está separado de la misma naturaleza, hecho que también es consecuencia del pecado.

Al reconciliarse con Dios y con los otros, es necesario que también se reconcilie con la naturaleza. Lamentablemente, si estudiamos algo de zoología, botánica, hidrología y otras ciencias relacionadas con el universo, no nos costará mucho esfuerzo comprender la horrible situación en la que se encuentra nuestro planeta Tierra. La Creación, como dice Pablo, se encuentra en una situación en donde está experimentando verdaderos do-

---

[3] Lothar Coenen y otros, Diccionario teológico del Nuevo Testamento, Salamanca, Sígueme, 1984, p. 47.

lores de parto, está gimiendo, está esperando el tiempo de su redención. Nosotros tenemos la misión de que esos dolores sean apaciguados al máximo posible. Además, somos administradores de la Creación, y algún día no muy lejano tendremos que rendir cuentas a Dios del mal uso y del abuso que hicimos de ella.

Una cuarta dimensión de la reconciliación es la que ocurre con el ser humano en sí mismo. Cuando Adán y Eva pecaron, sintieron miedo y vergüenza. Al reconciliarse con Dios, esos elementos, que nacieron y gestaron otros como consecuencia del pecado, desaparecen, o Dios comienza a sanarlos. En todos nuestros años de ministerio pastoral con mi esposa, hemos atendido a decenas de personas en consejería, y una gran mayoría de ellas con verdaderas dificultades causadas por una falta de reconciliación consigo mismas.

Estamos llamados a reconciliarnos con Dios, con los seres humanos, con la Creación y con nosotros mismos. Ninguno de ellos existe en un estado correcto si está desligado de los demás. Somos llamados a ser como Cristo en toda su amplitud ministerial, y lo podemos lograr porque Cristo ha hecho de nosotros y en nosotros una nueva criatura, una nueva creación.

Preguntas para el estudio y la discusión

1. ¿Cuáles son los dos resultados que se nombran de la muerte de Jesús?

2. ¿Cómo se presenta la justicia de Dios al ser humano?

3. ¿Cuál es el punto de partida de la justificación?

4. ¿Cuál es el estado del ser humano al ser justificado?

5. Describa brevemente lo que entiende por reconciliación.

6. ¿Cuál es la diferencia entre justificación y reconciliación?

7. ¿Cuáles son los dos términos griegos que se utilizan para hablar de reconciliación y qué significan?

8. ¿Dónde nace la reconciliación?

9. Piense en un ejemplo bíblico de reconciliación y de qué manera lo afecta a usted.

10. Nombre cuáles son las cuatro áreas de reconciliación que teenemos mediante Jesús.

Actividades de aplicación

1. Describa brevemente cómo ha sido su conversión.

2. ¿Qué fue lo primero que experimentó luego de ser justificado por Jesús?

3. Piense en algunas personas a quienes podría hablarles acerca del mensaje de reconciliación de Jesús en los próximos días. Ore por ellas y luego hábleles.

11
La regeneración y la creación de un nuevo ser humano

AL PRINCIPIO DE ESTA SEGUNDA PARTE DEL LIBRO analizamos la situación crítica y desesperante del ser humano: la situación de muerte. Pero la muerte es un estado que puede ser cambiado, que puede ser revertido, no por obra humana, sino por obra divina.

En este capítulo queremos exponer y mostrar la otra cara de la moneda. Es posible trasladarnos del estado de muerte al estado de vida. Es posible vivir, en todo el sentido de la palabra, pero sólo y únicamente mediante Cristo, teniéndolo a él como centro de nuestra vida.

La regeneración es el cambio radical que el Espíritu Santo realiza en el ser humano cuando éste, habiendo oído y creído en la Palabra de Dios, recibe a Cristo como Señor y Salvador. La persona, entonces, pasa del dominio de pecado al dominio del Espíritu, e inicia el crecimiento y el progreso espiritual cuya meta es la perfección: el llegar a ser semejante a Cristo (Mt. 13.23; Jn. 3.5; Ro. 8.29; 2 Co. 5.17; 1 Pe. 1.21-23).[1]

---

[1] Wilton Nelson, Diccionario ilustrado de la Biblia, Miami, Caribe, 1974, p. 544.

Podemos disfrutar de la justificación y la reconciliación solamente por la regeneración que Dios obró en nuestras vidas. De nada valdría el ser justificados, si no pudiésemos vivir como Dios desea, siendo degenerados.

Términos, sinónimos y la iniciativa divina en la regeneración

La palabra griega *paliggenesía* se encuentra sólo dos veces en el Nuevo Testamento. Una vez en Mateo 19.28 en donde Jesús la utiliza de manera escatológica, dando a entender la existencia de un mundo, o era, mejor y nuevo. También se halla esta palabra en Tito 3.5, en donde Pablo se refiere al principio de vida nueva en el individuo cristiano. Berkhof dice al respecto:

> La idea de la regeneración se expresa de manera más común por medio del verbo gennáō (con ánöthen en Jn. 3.3), o su compuesto *anagenáō*. Estas palabras significan, bien, 'engendrar de nuevo', o, 'concebir o nacer', Juan 1.13; 3.3-8; 1 Pedro 1.23; 1 Juan 2.29; 3.9; 4.7; 5.1, 4, 18. Además, el pensamiento de la producción de una nueva vida está expresado por la palabra *ktízō*, crear, Efesios 2.10; y el producto de esa creación se llama una *kainē ktísis* (nueva criatura), 2 Corintios 5.17; Gálatas 4.24. Por último, el término *syzöopoiéō*, 'hacer vivir con, vivificar con', se usa también en un par de pasajes, Efesios 2.5; Colosenses 2.13.[2]

Estos términos llevan consigo varias implicaciones importantes, como ser:

- La regeneración es una obra creadora de Dios. La iniciativa le pertenece a Dios y se efectúa por obra del Espíritu

---

[2] L. Berkhof, Teología sistemática, Grand Rapids, TELL, 1969, p. 555.

Santo (Jn. 1.13; 3.5, 8). Los efectos son duraderos (Ro. 8.2; 2 Co. 5.17). No es posible entender ni explicar racionalmente ese cambio, pero sus resultados son evidentes (Lc. 3.8; Jn. 3.7-8). Al ser una obra por iniciativa de Dios, el ser humano, permanece pasivo por completo y no hay lugar para la colaboración humana. La salvación es obra completa de Dios. Berkhof define a la regeneración de la siguiente manera:

La regeneración es aquel acto de Dios por medio del cual el principio de la nueva vida queda implantado en el hombre, y se hace santa la disposición regente del alma, quedando asegurado el primer ejercicio santo de esta nueva disposición.[3]

La obra creadora de Dios produce una nueva vida en virtud de la cual el ser humano, vivificado con Cristo, participa de la vida de resurrección y puede ser llamado una nueva criatura, o como ya se ha dicho, un kainós ánthrōpos (nuevo ser humano) "creado en Cristo Jesús para buenas obras, las cuales Dios dispuso de antemano a fin de que las pongamos en práctica" (Ef. 2.10).

Debemos distinguir dos elementos de nuestro renacer, mediante los cuales la vida nueva brota de esas escondidas profundidades: "La regeneración en Jesucristo implanta en el alma el principio de nueva vida, y el nuevo nacimiento hace que ese principio comience a presentarse en acción".[4]

Esta distinción es de gran importancia para un entendimiento adecuado de la regeneración. En el Antiguo Testamento, la enseñanza de la regeneración se aplica más bien al pueblo escogido, a los israelitas, y se habla de la restauración de Israel como tal. Sin embargo, la base de esa transformación nacional es el cambio moral del individuo. De ahí que los profetas

[3] Ibíd., p. 560.
[4] Ibíd., pp. 555-556

hicieran hincapié en la necesidad de un nuevo corazón que fuera de carne, en contraste a las tablas de piedra. La salvación prometida por Dios abarca eso: darles un corazón nuevo (Jer. 24.7; 31.31-33; Ez. 11.19). El rey David, luego de su pecado con Betsabé, entendió que la solución de su problema espiritual era su naturaleza pecaminosa (Sal. 51.5) y, por lo tanto, pedía que Dios lo hiciera una nueva criatura con un corazón limpio (Sal. 51.10). Éste es el "nuevo ser humano" del que el apóstol Pablo habla repetidas veces (Ef. 2.5; 4.24; etc.).

La regeneración se diferencia de la justificación en que no es un cambio en nuestra relación legal con Dios, sino un cambio en nuestra naturaleza moral misma (una es externa y la otra es interna). Ambas, sin embargo, son experiencias simultáneas, provenientes exclusivamente de la gracia divina.

Asimismo, la regeneración se diferencia de la santificación. La regeneración es el comienzo de la nueva vida, mientras que la santificación es el desarrollo de esa nueva vida con rumbo hacia la perfección. La regeneración es el nacer, y la santificación es el crecer en la nueva vida en Cristo.

La regeneración no afecta solamente algunas áreas del ser humano, como el intelecto, la voluntad y las emociones. Ella afecta todo eso, pero principalmente el corazón, entendiendo a éste en el sentido bíblico, es decir, como el punto central del alma que lo controla todo y del cual fluyen las corrientes de la vida. Esto significa que afecta la naturaleza humana como un todo en su misma esencia.

Tampoco es un cambio completamente perfecto de toda la naturaleza del ser humano, o de alguna parte de ella, como para que ya no sea capaz de pecar; pero sí es el comienzo de cambios que se irán produciendo y perfeccionando a lo largo de todo un proceso.

Sería oportuno aclarar aquí algunas traducciones erróneas de Tito 5.5. La Biblia para Latinoamérica traduce este ver-

La regeneración y la creación de un nuevo ser humano | 163

sículo así: "No se fijó en lo bueno que hubiéramos hecho, sino, que solamente tuvo misericordia y nos salvó; en el bautismo nacimos a la vida, renovados por el Espíritu Santo". La versión popular Dios habla hoy traduce: "Nos salvó, no porque nosotros hubiéramos hecho nada bueno, sino porque tuvo compasión de nosotros. Por medio del agua del bautismo nos ha hecho nacer de nuevo; por medio del Espíritu Santo nos ha dado nueva vida".

La construcción gramatical en griego, de lo anteriormente destacado, es como sigue: ésözen emás diá lotrou palingenesías, que literalmente se traduce: "Nos salvó mediante (o por medio de) el lavamiento de la regeneración". Están equivocados los romanistas y algunas denominaciones protestantes al sostener que por medio del bautismo uno nace a una nueva vida, o sus pecados originales le son perdonados. Si así fuera, estaríamos colaborando con Dios en la justificación y en la regeneración del ser humano. No nacemos a una nueva vida por medio del bautismo en agua. El bautismo en agua pertenece al proceso de santificación, es una obediencia a un mandato divino. La regeneración es obra puramente divina. La vida nueva en Cristo nos la da Dios y no el bautismo con o en el agua.

Hasta ahora hemos visto las implicaciones de los términos de la regeneración y la iniciativa divina, ahora nos detendremos a pensar sobre algunos caracteres positivos de la regeneración.

Caracteres positivos de la regeneración

Veremos básicamente tres caracteres positivos. Éstos son:

- Consiste en la implantación del principio de la nueva vida espiritual en el ser humano. Se trata de un cambio radical de la disposición regente del alma, la cual, influenciada por el Espíritu Santo, da nacimiento a una nueva vida que se mueve hacia Dios. Anteriormente hemos visto que el ser humano, por su misma naturaleza, se aleja de Dios, escapa de su presencia (como Adán y Eva en el Edén luego de la desobediencia) y se aparta de los principios divinos. El Espíritu Santo, por medio de la regeneración, invierte la situación y la va perfeccionando en el proceso de la santificación. En palabras prácticas, cuando una persona conoce a Dios, cuanto más años tenga de cristiano/a, más debe desear conocer mejor a Dios.

En principio, este cambio afecta al ser humano en su intelecto (1 Co. 2.14-15; 2 Co. 4.6; Ef. 1.18; Col. 3.10), en su voluntad (Sal. 110.3; Fil. 2.13; 2 Tes. 3.5; Heb. 13.21), en sus sentimientos o emociones (Sal. 42.1-2; Mt. 5.4; 1 Pe. 1.8), en su corazón (Jer. 31.31-33, 24.7; Ez. 11.19). Todas estas áreas habían sido dañadas en el ser humano como consecuencia del primer pecado de nuestros padres. Cada ser humano ha heredado estas áreas dañadas, las cuales comienzan a perfeccionarse luego de la regeneración obrada por Dios.

- Es un cambio instantáneo en la naturaleza del ser humano, que lo afecta por completo. Esta afirmación implica dos cosas: primero, no es un trabajo que esté preparado por grados en el alma, por lo tanto, no hay etapa intermedia entre la vida y la muerte, o uno vive o uno está muerto. Segundo, no es un proceso gradual, como la santificación.

- En un sentido más limitado, este cambio ocurre en la vida subconsciente. Es una obra secreta realizada por Dios, que no se puede saber ni averiguar, que nunca es percibida directamente por el ser humano. El cambio puede tener lugar sin que éste sea consciente del mismo al principio. [5]

[5] Ibíd., p. 560.

Esto explica el hecho de que el cristiano puede, por una parte, luchar largo tiempo con dudas e incertidumbres, y, por otra, puede todavía triunfar por grados sobre éstas y levantar vuelo hacia la plena seguridad. Un proverbio antiguo dice: "La senda de los justos se asemeja a los primeros albores de la aurora: su esplendor va en aumento hasta que el día alcanza su plenitud" (Pr. 4.18, NVI).

Para que una persona pueda tener vida en abundancia aquí, y prolongarse a una vida eterna, necesita imperiosamente de la regeneración. Jesús le dijo a Nicodemo: "Es necesario nacer de nuevo para ver el reino de los cielos" (Jn. 3.3). Es necesario el nuevo nacimiento por la misma naturaleza del ser humano, hasta entonces muerta.

El ser humano está descrito como muerto en su alma (Ez. 18.20) a causa de sus pecados y trasgresiones (Ef. 2.1), y esta condición reclama nada menos que una reestructuración hacia la vida. Un cambio interno literal se hace necesario, un cambio por medio del cual se transforme en toda la disposición del alma. Es imprescindible que el ser humano dé una vuelta en la vida a Dios sólo por una obra gratis y completa de él.

La afirmación de Jesús en Juan 3.3, acerca de la necesidad de un nuevo nacimiento, es absoluta y no deja lugar para las excepciones. Además de las repetidas veces que Jesús hace mención de esta necesidad, tenemos las reiteradas menciones del apóstol Pablo.

Esto nos lleva a pensar que la causa eficiente de la regeneración es el Espíritu Santo. "El viento sopla de donde quiere, y lo oyes silbar, aunque ignoras de dónde viene y a dónde va. Lo mismo pasa con todo el que nace del Espíritu" (Jn. 3.8, NVI). No sabemos de dónde viene ni a dónde va el viento, sólo vemos algunas consecuencias de su obrar, hojas que vuelan, ramas que se doblan, frutos que caen. De la misma manera, no sabemos explicar con palabras el misterio de la obra del Espíritu Santo en nuestro interior, tan sólo vemos algunas de sus consecuencias.

La obra de la regeneración, netamente divina, nos permite invertir las situaciones en las que nos encontrábamos antes de que Dios interviniese. Por ejemplo, la deuda que teníamos con Dios es borrada, la obra del nuevo nacimiento nos transforma. Del desenfreno o quebrantamiento voluntario de los mandamientos, pasamos al cumplimiento voluntario de los mandatos divinos. De la desobediencia, somos transformados en obedientes. Si el pecado era caída a un nivel bajo de conducta, la regeneración nos eleva a un nivel de conducta superior. De las derrotas por el pecado, pasamos a ser victoriosos en el Espíritu. De las heridas y los malos recuerdos, a una restauración de ellos. De la impiedad e indiferencia a Dios, hacia la adoración y la reverencia a Dios. De una vida de religiosidad, a una nueva relación con Dios. Ante el error o pecado por descuido e ignorancia, la regeneración nos hace sensibles al pecado y nos pone en alerta para que no nos equivoquemos en lo mismo. Del estado de muerte pasamos al estado de vida. Y sólo Cristo logra todo esto, pues sólo su vida es lo que paga completamente la demanda de Dios. No necesitamos agregar ningún elemento adicional para colaborar con Dios.

La regeneración transforma nuestro ser implantando un principio de vida nueva que nos libra del poder legal del pecado y de la consecuente muerte. Esta realidad nos permite vivir libres, sin ataduras, sin opresiones; nos permite ver en cada dificultad una nueva oportunidad para que Dios trabaje en nuestro carácter.

Preguntas para el estudio y la discusión

1. Describa brevemente que entiende por regeneración.

2. ¿Cuáles son los dos pasajes del Nuevo Testamento en donde se encuentra la palabra "regeneración"?

3. Resuma brevemente cuáles son las tres implicancias de los términos griegos utilizados para regeneración.

4. ¿Cuáles son las áreas del ser humano que la regeneración afecta?

5. Escriba cuál es la traducción correcta de Tito 3.5 y memorice el versículo.

6. Resuma brevemente los tres caracteres positivos de la regeneración.

7. ¿Cuál es la necesidad imperiosa que todo ser humano tiene, si quiere ver a Dios?

8. ¿Quién es la causa eficiente de la regeneración?

9. ¿Qué hace la regeneración en nosotros?

10. ¿A qué proceso de nuestra vida espiritual pertenece el bautismo en agua?

Actividades de aplicación

1. Describa brevemente el tiempo en que conoció a Jesús.

2. ¿Cuáles son algunos de los cambios que Dios hizo en su vida, que otros ven en usted?

3. ¿Cuáles son algunos de los cambios que Dios hizo en su vida y que sólo usted sabe?

12
Apropiarse de la salvación

HASTA ESTE MOMENTO HEMOS CONSIDERADO la situación del ser humano como alguien completamente perdido. Hemos visto lo que Jesús hizo, sus logros y la confiabilidad de su victoria, pero el gran dilema aún queda por resolver. Aunque Cristo murió y resucitó, y su victoria es confiable y suficiente para la salvación de todos los seres humanos, su efectividad no es así. Hay algunos que ya son salvos y una gran mayoría que todavía no. La pregunta que surge entonces es: ¿cómo llega el ser humano a beneficiarse de los logros de Cristo?, ¿cómo puede hoy ser partícipe de ese pueblo redimido por Dios, justificado y reconciliado con él gratuitamente?

Preguntas como la del joven rico: "Maestro bueno, ¿qué debo hacer para heredar la vida eterna?" (Mr. 10.17, NVI), o como la del intérprete de la ley (Lc. 10.25, NVI): "Maestro, ¿qué tengo que hacer para heredar la vida eterna?", están presentes no sólo en la humanidad en general que aún tiene noción e idea de un ser superior (de un Dios), sino también en aquellos que ya están viviendo una religiosidad. La pregunta contundente que necesitamos responder es: la salvación, ¿es por mérito o por gracia? La respuesta de cualquier cristiano evangélico será que la salvación es por gracia, pero en la práctica podría estar demostrando todo lo contrario. Tiempo atrás, aconsejando a un hombre que era cristiano desde hacía siete u ocho años, descubrí que no tenía seguridad de vida eterna y que su falta de seguridad se debía a que no obedecía todos los mandamientos de Dios. En el capítulo seis hemos desarrollado los posibles caminos para llegar a Dios, y hemos visto claramente que ni por el camino de la ley (obras) ni por el camino de la conciencia es posible alcanzar la vida eterna. La única posibilidad, utilizando esos medios, sería la perfección. Pero bien sabemos que eso es imposible para el ser humano. Por lo tanto, nos queda por ver más ampliamente el único camino, el camino eficiente, el camino gratuito que es la gracia de Dios por medio de la fe en Cristo.

Si hay algo que pretendemos dejar en claro en esta presente obra es que por méritos no es posible llegar a Dios, y que el único camino es la gracia de Dios y la fe en Cristo dada por Dios. Cuando hablamos de fe, no nos estamos refiriendo a una fe ciega, una fe que se tira desde un quinto piso en llamas sin saber dónde o sobre qué caer. Estamos hablando de una fe en alguien de quien anteriormente hemos escuchado y hemos creído. Jesús sabía lo que estaba haciendo y sigue hablándonos en la actualidad. Él no quedó callado, al contrario, su palabra y su presencia por medio del Espíritu Santo siguen transformando, cambiando vidas, e irrumpiendo en medio de esta sociedad corrupta. Él continúa sanando a los quebrantados de corazón, liberando a los oprimidos, sanando a los heridos, hablando, aunque algunos (la mayoría), no quieran oírlo. Jesús sigue siendo el mismo, ayer, hoy y por los siglos.

Es importante destacar que Dios no nos pide que creamos en él sin preguntar nada. Al contrario, él permite que preguntemos, que nos interesemos en aquello que queremos creer. Él nos permite que saquemos cuentas del precio y de los gastos

Apropiarse de la salvación | 171

que nos demandará ser sus discípulos, como lo podemos leer en Lucas 14.25-30.

Pues bien, cuando hablamos de "gracia", estamos hablando de un regalo, de un don. Esto implica que es Dios quien se ha acercado al hombre y que toda salvación parte netamente de la gracia divina. Es muy común escuchar hoy en día: "Soy salvo porque he aceptado a Cristo en mi corazón". ¡Cuidado! Esto muy bien puede estar dando a entender, en cierta manera, una salvación por iniciativa personal o mérito propio. Además, el término "aceptar" no es correcto bíblicamente. Nosotros lo recibimos o no lo recibimos (Jn. 1.12). Dios es el único que nos acepta en Cristo (Ef. 1.6).

Desde el punto de vista bíblico, está claramente establecido que es Dios el que busca al ser humano corrompido, es Dios quien lo invita a creer en él, quien está a la puerta del corazón del ser humano golpeando para que lo dejen entrar. Dios ya ha hecho lo que el ser humano no puede hacer por sí mismo. Podemos ser salvos porque Dios ha actuado. Para el cristiano, esa iniciativa se denomina gracia, porque es absolutamente gratis.[1]

Es interesante destacar que, tanto en el Antiguo como en el Nuevo Testamento, la salvación siempre ha sido por fe en la gracia de Dios. No existe la idea de "salvación por obras" (fe en obras meritorias del ser humano) en ninguno de los dos testamentos.

También existe el peligro de salvación por fe como obra personal: "Soy salvo por la fe que proviene de mí". Nunca debemos olvidar que aun la fe que tengo en Cristo, en lo que él ha hecho, no es mía, sino que Dios me la ha dado para que pueda creer. Es más, somos salvos por la fe "de Jesucristo" (Ro. 3.22). La traducción que conocemos de este versículo es: *"la justicia de Dios se ha manifestado por medio de la fe en Jesucristo"*. Pero la construcción gramatical griega *písteōs Iēsoû Xristoû*, que se en-

---

[1] John Stott, Las controversias de Jesús, Buenos Aires, Certeza, 1975, p. 113.

cuenta en genitivo, se traduce literalmente "fe de Jesucristo". Esto demuestra que la fe que tenemos no es nuestra, sino que le pertenece a Cristo y nos ha sido dada para que podamos creer en él. ¡Qué maravilla! Ni en esto nos podemos gloriar, porque es algo que Dios por pura gracia nos ha dado. Ni siquiera mi fe puede ser una obra meritoria o un "agregado".

Nosotros heredamos la vida eterna de Jesucristo. Esta herencia es como el aire, si queremos lo respiramos (no hace falta pagar) y vivimos, si no queremos respirar nos abstenemos de hacerlo y nos morimos. La salvación en Cristo es semejante: si la aspiramos gratuitamente, viviremos para siempre; caso contrario, tendremos como castigo la condenación eterna. Sólo nos beneficiamos de un regalo si lo recibimos y lo usamos.

Cuando Cristo y sus apóstoles predicaban la salvación, presentaron las condiciones básicas para ella, que eran el arrepentimiento y la fe. La combinación de estos dos da como resultado la conversión o el nuevo nacimiento.

Arrepentimiento

Cuando Dios habla de arrepentimiento como condición básica, no nos deja a la deriva ni nos da pie para que creamos que somos salvos por medio de nuestro arrepentimiento. Sabemos claramente que el que convence al mundo de pecado es el Espíritu Santo (Jn. 16.8). Además, según Romanos 2.4, la benevolencia de Dios guía a los hombres al arrepentimiento. En 2 Corintios 7.8-10, Pablo habla del dolor o la tristeza que es según Dios, y que conduce al arrepentimiento saludable. En 2 Timoteo 2.25 también le dice a Timoteo cómo es que el siervo de Dios debe conducirse para que Dios dé a ciertos hombres el que "se arrepientan para conocer la verdad". No hay base alguna para jactarnos de nuestro arrepentimiento, porque también él es por gracia de Dios.

Una fe sin arrepentimiento no produce salvación, y un

arrepentimiento sin fe es igualmente inútil. Ahora, ¿qué significa arrepentirse? Básicamente, la palabra arrepentirse quiere significar aquel cambio operado en la vida consciente del pecador, por medio del cual se regresa del pecado. [2] El arrepentimiento es retrospectivo, o sea que se vuelve al pasado, mientras que la fe es prospectiva, miramos al presente y al futuro. En el arrepentimiento podemos distinguir tres elementos:

- *Un elemento intelectual.* Hay un cambio de opinión, un reconocimiento del pecado con la culpa personal, la corrupción y la incapacidad que envuelve. La persona necesita darse cuenta intelectualmente de sus errores. Debe estar consciente de los "errar en blanco" que ha cometido. La Biblia lo designa como *epígnösis* hamartías (conocimiento del pecado), Romanos 3.20. Pero esto, si no va acompañado de los siguientes elementos, puede manifestarse como temor al castigo, aunque carezca de odio por el pecado.

- *Un elemento emocional.* Cuando la Biblia habla de emoción, se refiere a un cambio de sentimientos que se manifiesta en tristeza por el pecado cometido en contra de un Dios santo y justo (Sal. 51.2, 10, 14). Este elemento del arrepentimiento queda indicado por la palabra *metamélomai*. Puede ser *katá theon lupë* (tristeza de Dios), o *katá kosmoû lupë* (tristeza del mundo), que se manifiesta en remordimiento. La diferencia radica, entonces, en que la tristeza producida por Dios trae como consecuencia arrepentimiento, fe y nuevo nacimiento; mientras que la tristeza del mundo conlleva como consecuencia muerte espiritual. Un ejemplo lo tenemos en Judas Iscariote (Mt. 27.3; Hch. 1.18). Él se entristeció por lo que hizo y tuvo un remordimiento

---

[2] L. Berkhof, Teología sistemática, Grand Rapids, TELL, 1969, p. 580.

causado por su propia conciencia, pero que lo llevó a la muerte. Otro ejemplo lo encontramos en el joven rico (Lc. 18.23), a quien cuando Jesús le dijo que vendiera todo y lo diera a los pobres y lo siguiera, se entristeció porque tenía mucho dinero, pero esa tristeza lo apartó de Cristo. De modo que, entonces, el remordimiento no es equivalente a arrepentimiento.

- *Un elemento volitivo.* Este elemento consiste en un cambio de propósito, un íntimo volverse del pecado, y una disposición a buscar el perdón y la pureza (Sal. 51.5-7, 10; Jer. 25.5). El elemento volitivo incluye los otros dos elementos, y por lo mismo es el aspecto más importante del arrepentimiento. La Biblia lo denota con la palabra *metánoia* (conversión).[3] Esta misma palabra es utilizada para explicar el proceso de metamorfosis que sufre cierta clase de mariposas, que primeramente son un simple gusano, y luego se convierte en una de las más lindas mariposas. Metánoia es igual a cambio de mente. El arrepentimiento se da primeramente en el cambio de valores.

Por lo tanto, tenemos que el arrepentimiento, en primer lugar, es un acto obrado por Dios en el interior del ser humano. Los cambios que se producen son los frutos del mismo. En segundo lugar tenemos la fe.

Fe

Una vez arrepentido, el pecador debe creer, depositar su fe en Cristo, en lo que él ha hecho en la cruz a favor de la humanidad. Lo que Pablo quiere dar a entender por la palabra fe,

---

[3] Ibíd., p. 580.

Apropiarse de la salvación | 175

en pasajes como Romanos 1.16-17; 3.23; Efesios 2.8; Gálatas 2.20 y Hechos 16.31 es: la respuesta que el ser humano, desde lo profundo de su alma, plena y confiadamente da a Dios y a la gracia que Dios manifiesta en Cristo.

En ese paso de fe, el ser humano reconoce su estado pecaminoso, que no puede salvarse por sus propios medios, reconoce y cree que el único que lo puede hacer es Dios y cree que Dios levantó a Jesucristo de los muertos para que él pudiera ser salvo (Ro. 10.9). Es creer que Cristo pagó toda la deuda que había en contra nuestra, "consumado es", dijo Jesús. Nuestra deuda ya está pagada.

La conversión, el volverse a Dios y confiar en él, es básicamente un cambio de fe. Anteriormente yo confiaba en mis méritos o en los "agregados" para mi salvación, pero cuando soy confrontado con lo que realmente es el evangelio, cambio esa fe que tenía en mí mismo y la deposito en Jesús, en lo que él hizo. Creo que él tomó mis pecados y los "echó en lo profundo del mar" y no los volverá a sacar. Recibo su justicia y Dios me hace salvo.

Debemos aclarar brevemente la diferencia entre "admitir" y "creer". Por ejemplo, yo puedo admitir un hecho histórico o la existencia de cierto objeto determinado, pero no permito que ese hecho histórico u objeto afecte mi vida. Ésta es la fe del demonio. Mientras que "creer" significa depositar toda mi confianza y fe en Jesucristo. En el "Apéndice A" se desarrollan con más detalle las diferencias. En la fe, al igual que en el arrepentimiento, también se dan tres elementos.

- *Un elemento intelectual.* Yo admito la existencia de ciertas verdades. Como dice Romanos 10.17: "Así que la fe viene como resultado de oír el mensaje, y el mensaje que se oye es la Palabra de Dios" (NVI).

- *Un elemento emocional.* Yo confío en lo que intelectual-

mente sé, es decir, deposito toda mi confianza en Jesucristo y en lo que él hizo en mi favor.
- *Un elemento volitivo.* Yo me comprometo voluntariamente con el objeto de mi fe, que es Jesucristo. Es decir, asumo las responsabilidades de un verdadero discípulo, según Lucas 14.25-35. Cuando creo en el Hijo de Dios como un ser resucitado y viviente (Ro. 10.9; Jn. 1.11-12) recibo la vida eterna.

Por otro lado, necesitamos creer en Cristo no solamente como nuestro Salvador, sino también, y primordialmente, como nuestro Señor. Previo a esto hemos de reconocer nuestra situación pecaminosa, para luego creer en Cristo como nuestro Señor y Salvador. En cuanto a creer en Cristo como nuestro Señor, implica que yo cedo mis derechos y mi forma de vida para comenzar a vivir en obediencia a las reglas y mandatos de Dios, aquel que vino a salvarme.

Recibir a Cristo como nuestro Señor es permitirle que él sea el amo de nuestra vida, que él sea el dueño, que él sea quien nos guíe. Anteriormente nosotros éramos nuestros propios dioses y hacíamos lo que queríamos. Pero a partir del momento en que nos comprometemos con Cristo, debemos permitir que él sea nuestro único dueño y nuestro único Dios. Romanos 10.9 nos dice que "si confiesas con tu boca que Jesús es el Señor, y crees en tu corazón que Dios lo levantó de entre los muertos, serás salvo" (NVI). Vemos, entonces, que el señorío de Cristo está íntimamente ligado con nuestra salvación.

Cristo nos salva porque es Señor y amo, es decir, no es Señor por salvarnos. Es decir, desde el punto de vista bíblico, querer recibir a Cristo como Salvador y no como Señor no es aceptable, las dos cosas son parte de un mismo paquete. Cristo es el Salvador de las personas porque él es, primeramente, el Señor.

El objeto de nuestra fe es Cristo. La fe por la cual vivimos es fe en el Hijo de Dios, quien se dio a sí mismo por nosotros (Gá. 2.20). Aquel a quien Dios justifica es aquel que tiene fe en Jesús (Ro. 3.26). Cristo es el objeto de la fe, porque él es la encarnación de Dios. Por tanto, podemos resumir diciendo que la conversión se da en dos niveles, y que consiste en una sustitución.

- *Arrepentimiento o fe negativa.* Yo me niego, me vacío de mis objetos de fe y de mis normas de hasta ahora. Renuncio a mi pasado con mis viejos valores, creencias, filosofía de vida, etc., es decir, "dejo mi silla" en la cual estaba sentado.

- *Fe, fe positiva.* Tomo a Cristo como objeto de fe y como norma (señorío). Lo sigo comprometidamente. Me "siento en la silla que es Jesucristo", y no sólo "admito" su existencia y eficiencia, mientras sigo sentado en mi silla. En definitiva, sustituyo lo anterior por los valores y principios de Cristo.

Así, pues, la fe es la renunciación a todo mérito de parte nuestra y un acogimiento a Dios y a su misericordia. Esto es lo que comúnmente conocemos por conversión. Cuando la Biblia habla de conversión, se refiere tanto al hecho de volverse a Dios como al de confiar plenamente en lo que Cristo hizo por el ser humano. No es únicamente volverse de los malos caminos y seguir confiando en los propios méritos, ni tampoco significa volverse a Dios y confiar en él sin volverse de los malos caminos. Desde el punto de vista bíblico, no existe una conversión sin cambios, sin frutos, sin evidencias.

Hablar de una conversión sin pretender cambiar de vida es una blasfemia en contra de la santidad divina. Pretender encontrar a Dios y ser salvo sin estar dispuesto a los cambios es como darle una bofetada a Dios. Encuentran a Dios los que verdaderamente lo buscan, y aquellos que verdaderamente lo buscan están dispuestos a los cambios que Dios les designe.

Además de la vida eterna, Cristo también nos provee gratuitamente de un carácter nuevo (el suyo), y sin méritos nuestros, que es el fruto del Espíritu, según Gálatas 5.22-23.

Nuevo carácter

No pretendemos hacer aquí un estudio profundo y exhaustivo de los frutos, sino presentarlos como una evidencia de la llenura del Espíritu Santo, ya que éstos representan el carácter de Cristo, el cual el enemigo no puede imitar, mientras que los dones sí puede imitarlos. Para ello veremos brevemente lo que significa cada uno de los frutos.

La palabra "fruto" es una metáfora en contraposición a las obras "las obras de la naturaleza pecaminosa se conocen bien" (Gá. 5.19). Esto nos da la idea de que cada creyente es como un árbol, y como tal debe llevar frutos. De acuerdo con ellos se conocerá si somos cristianos o no (Mt. 7.16-17). Aún más, Pablo da por sobreentendido, en este pasaje de Gálatas, que una verdadera conversión trae como consecuencia esos frutos. El ser humano no crea el fruto, sino que viene como resultado de una vida ya existente. Estos frutos no son virtudes del ser humano. Pablo niega rotundamente esto. Él no se refiere acerca de si alguien tiene amor, paciencia, bondad, etc., como parte de la personalidad natural. En este caso, tal persona se diferencia de otra de la misma manera que los altos se diferencian de los bajos y los blancos de los morenos, es decir, no es una opción que tengo, ya nazco con esas características.

Además de esto, Pablo afirma la unidad de las virtudes.

La palabra "fruto" se encuentra en singular. Esto quiere decir que todas las virtudes están conectadas entre sí como un organismo entero. Es la combinación de las virtudes lo que le corresponde al cristiano. Desde luego, no hay lugar para que un cristiano considere que una virtud sea suya, negando las otras. El fruto es uno, porque el Espíritu Santo es uno.

Por otro lado, el término "fruto" hace hincapié en que el *ser* es antes del *hacer*. La conducta es la expresión del carácter, y es en vano tratar de alterar el hecho mientras se deja al ser humano sin cambiar. Uno tiene que *ser* bueno para *hacer* lo bueno. En otras palabras, uno tiene que *ser* justo para *hacer* obras de justicia. No podemos pretender que una persona tenga el carácter de Cristo si previamente no ha permitido que Cristo lo justifique, lo limpie y lo perdone.

Pablo, con esta descripción del fruto del Espíritu, no permite ni que el mundo diga cómo debe ser un cristiano ni que un cristiano se imagine cómo debe ser. Al contrario, Pablo inspirado por el Espíritu Santo describe en este y otros pasajes cómo debe ser un cristiano: tiene que ser igual a Cristo. Algunos han sugerido que los frutos mencionados por Pablo en Gálatas 5.22-23 pueden ser agrupados en tres secciones:

- El amor, el gozo y la paz son descriptivos de la vida del Espíritu Santo en la vida del cristiano.
- La paciencia, la benignidad y la bondad son descriptivos de la vida del Espíritu Santo en el cristiano hacia los otros.
- La fe, la mansedumbre y la templanza son descriptivos de la vida del Espíritu Santo en el cristiano hacia las dificultades.[4]

Según esta división, el primer conjunto de virtudes re-

---

[4] Vernon Caston, El fruto del Espíritu, Buenos Aires, artículo inédito entregado en el Instituto Bíblico Buenos Aires, 1984, p. 6.

sulta de la comunión del ser humano con Dios, y existiría aun si sólo hubiera una sola persona en la Tierra.

Amor
Pablo dice primeramente que el fruto del Espíritu es amor. La palabra utilizada aquí es agápē, que describe no sólo el sentimiento, sino la actitud según el cual actuamos de acuerdo con el bienestar de otra persona. Es el mismo término que se utiliza para describir el amor de Dios hacia la humanidad, es un amor incondicional, sin egoísmos. El Espíritu Santo produce en el cristiano ese mismo amor, tanto para con Dios como para con los otros.

Gozo
El segundo fruto del que Pablo habla es el gozo. Se refiere al sentimiento que surge en uno al experimentar la misericordia de Dios, respondiendo a él en amor. El verdadero gozo del Espíritu Santo es el que se corresponde con la naturaleza misma de Dios. Por eso, el gozo se relaciona con la misericordia de Dios. Cuando estamos conscientes de dicha misericordia, las circunstancias pueden variar, pero la exhortación de Pablo en 1 Tesalonisenses 5.16, "estén siempre alegres", se realizará.

Paz
El tercer fruto del Espíritu es paz. Esto se refiere a la tranquilidad, el orden y la prosperidad espiritual que se debe a la reconciliación entre Dios y el ser humano obrada por Jesucristo en la expiación. En otras palabras, es la paz que tenemos, tanto espiritual como mental, en lo que respecta a nuestra salvación.

Paciencia
Podríamos definir este cuarto fruto del Espíritu como un continuo y consciente cumplimiento de la voluntad de Dios, a

pesar de las dificultades que se nos puedan presentar. En lenguaje popular sería "tener aguante", aunque es más que eso. No es meramente aguantar o esquivar los problemas, sino que es confrontarlos y vencerlos de una manera positiva y espiritual.

Benignidad

Este fruto del Espíritu Santo significa, básicamente, tratar al prójimo con amabilidad, con suavidad y benevolencia. Esto es parte de la respuesta de Dios para nuestro egoísmo. No es producto nuestro. Por lo tanto, si tratamos bien a alguien, la gloria es para Dios. Además, la benignidad producida por el Espíritu Santo es desinteresada, no se trata bien a alguien para conseguir a cambio algo. Tampoco significa ser flexible con el pecado, al contrario, debemos ser firmes, así Dios como lo es. Hay muchos que por no querer herir a alguien se acobardan y no le dicen la verdad, y otros que por querer ser francos, hieren. La benignidad es la mezcla de la firmeza con la suavidad.

Bondad

Este fruto es lo que es bueno en el sentido moral. La bondad que es fruto del Espíritu Santo corresponde a la bondad de Dios, y él es el único absolutamente bueno en su esencia. Así, pues, la verdadera bondad en el ser humano es la que procede de Dios por medio del Espíritu Santo.

Fe

La palabra griega utilizada para describir este fruto es *pístis*. Con ella Pablo nos quiere decir que el fruto del Espíritu Santo es el fiel cumplimiento de deberes y promesas de cualquier cosa que nos ha sido confiada.

Hablando de nuestros tiempos, Sanderson afirma: "La falta de fidelidad en nuestros días ha resultado en la proliferación de leyes, sistemas gubernamentales para mantener esas leyes, y más altos costos de comodidades para cubrir las pérdidas debidas a la tolerancia pública de la infidelidad". [5]

Mansedumbre

La mansedumbre no se trata de la resignación de los humillados, sino de la actitud positiva de aceptación ante Dios y los ser humano. Es un aspecto de la bondad y de la humildad, con las que con frecuencia aparece asociada (Gá. 6.1; Ef. 4.2; Col. 3.12). Es la libertad del cristiano, quien sabiéndose amado por Dios irradia el amor que recibe. No es signo de debilidad, sino de una fuerza sobrenatural, es decir, del Espíritu Santo. El manso no se ocupa de sí mismo, sino de Dios. El ejemplo perfecto de mansedumbre es Cristo, a quien no le importó su propia vida, sino hacer lo que su Padre había dispuesto.

Templanza

Como noveno y último fruto del Espíritu Santo, Pablo presenta la templanza, que en otras ocasiones es traducida por "dominio propio" (Hch. 24.25). Es el uso correcto de la voluntad humana bajo el control del Espíritu Santo para elegir lo mejor para el cuerpo y el espíritu.

Pablo termina diciendo "contra tales cosas no hay ley" (Gá. 5.23, RV 60). Posiblemente lo que quiere decir es que haciendo esto ninguna ley nos puede condenar. Aunque no es necesario cumplir la ley para ser salvos, sí es cierto que la justificación y la salvación traen como consecuencia el cumplimiento de la ley. Porque la persona creyó en Cristo, está capacitada para vivir en un nuevo nivel ético.

El tema del fruto del Espíritu es uno de los asuntos bíblicos del cual se puede escribir un libro completo, pero nuestra intención es simplemente presentarlo como una muestra más de la abundante gracia de Dios.

---

[5] Citado en ibíd., p. 11.

Apropiarse de la salvación | 183

Preguntas para el estudio y la discusión

1. ¿Qué implicancias hay detrás de una pregunta como: "Qué debo hacer para ser salvo"?

2. ¿Qué implica, básicamente, la palabra "gracia"?

3. ¿En qué sentido existe el peligro de salvación por fe como obra personal?

4. ¿Cuáles son los dos elementos inseparables en la conversión?

5. Explique brevemente lo que entiende por arrepentimiento.

6. ¿Cuáles son, y resuma brevemente, los tres elementos esenciales en el arrepentimiento?

7. Explique brevemente lo que entiende por fe.

8. ¿Cuáles son los tres elementos necesarios en la fe? Expóngalos brevemente.

9. ¿Cuáles son los dos niveles en que se da en la conversión?

10. Nombre cada una de las facetas del fruto del Espíritu y explíquelas brevemente.

Actividades de aplicación

1. ¿Qué debe hacer para ser salvo?

2. Cuente cómo los tres elementos del arrepentimiento y de la fe se hicieron presentes en su propia experiencia de conversión.

3. ¿Cuál de los frutos es más evidente en su propia vida y por qué cree que sea así?

El poema de Dios

Y quise escribir
el mejor poema,
pero tú lo habías hecho,
Señor.

Y quise encontrar
la mejor palabra,
pero tú eres la palabra
por excelencia.

Somos tu poema,
escrito con dolor
y sangre de tu Hijo,
de tu propio corazón.

El mundo es tu parto
de palabras;
somos las sílabas
de tu gran canción. *

---

* Elsie de R. Powell, César Abreu-Volmar y otros, Poesía y vida, Buenos Aires, Certeza, 1979.

Tercera Parte
La sola fe en Cristo como rectora de nuestra salvación

Aunque la higuera no de renuevos,
ni haya fruto en las vides;
aunque falle la cosecha del olivo,
y los campos no produzcan alimentos;
aunque en el aprisco no haya ovejas,
ni ganado alguno en los establos;
aun así, yo me regocijaré en el SEÑOR,
¡me alegraré en Dios, mi libertador!
El SEÑOR omnipotente es mi fuerza;
da a mis pies la ligereza de una gacela
y me hace caminar por las alturas.
(Habacuc 3.17-19, NVI)

AUNQUE ESTEMOS VIVIENDO EN TIEMPOS difíciles donde no es tan fácil confiar únicamente en Dios, nuestro deseo es que, al igual que el profeta Habacuc, quién vivió en tiempos críticos para su nación (Israel), podamos tomar una decisión similar a la cita que encabeza la sección, pero pensando específicamente con relación a nuestra salvación. El evangelio de Cristo y la fe cristiana necesitan ser lo mismo. Dios necesita de hombres y mujeres que solamente crean y vivan de acuerdo con lo que el Señor nos ha dejado por medio de Jesucristo. Para que el cristianismo crezca en calidad y cantidad, debemos confrontar al ser humano con un evangelio completo, partiendo de la salvación como un regalo de la gracia de Dios, como un obsequio de un Dios que se preocupó por los seres humanos hasta el punto de hacerse semejantes a ellos.

La sola fe en Cristo debe ser el elemento de juicio, debe ser la mediadora, no solamente para la salvación, sino para todo un estilo de vida aquí en la tierra. La sola fe en Cristo debe caracterizar al cristiano entre las demás personas. La sola fe en Cristo debe ser lo que nos empuje a vivir una vida sin preocupaciones, sin ansiedades, una vida responsable, sana, alegre y con un profundo compromiso con Dios, con mi prójimo, con la naturaleza y conmigo mismo.

Dios ha creado al ser humano como una persona íntegra, con sentimientos, voluntad, intelecto, creatividad. Por lo tanto, cada uno de los elementos que presentamos como "agregados" en la primera parte de este libro, deben y pueden tener un correcto lugar en la vida cristiana. Cada uno de ellos debe ser parte esencial de un cristiano. Sin ellos no podemos ser hombres y mujeres completos; y menos aún cristianos. Ellos son parte esencial de nuestro ser, son parte de la gracia de Dios implantada en el ser humano cuando él lo creó a su imagen y semejanza. Es por eso que en las siguientes páginas trataremos de ubicar a cada uno de estos elementos en su lugar correcto.

13
Sí a la profundidad de la experiencia

Pero cuando venga el Espíritu de la verdad, él los guiará a toda la verdad, porque no hablará por su propia cuenta sino que dirá sólo lo que oiga y les anunciará las cosas por venir. (Juan. 16.13, NVI)

LA EXPERIENCIA MÍSTICA, EN SENTIDO POSITIVO, es la relación íntima o el encuentro personal del ser humano con Dios. Es una vivencia especial, una unión del ser humano con Dios utilizando lo que él ha revelado.

No es admisible aceptar nuevas revelaciones independientes de lo ya revelado. No es eso lo que el Espíritu Santo realiza, sino que él estimula nuestras facultades espirituales, y a la vez nuestra razón, para que podamos interpretar con mayor corrección las Escrituras y para que podamos relacionar las verdades entre sí de la mejor manera posible. De esa manera nos guía a toda verdad (Jn. 16.13). "El verdadero misticismo consiste en aquella iluminación que el Espíritu Santo da al cristiano para poder comprender mejor lo que sea la verdad, o la correcta interpretación de la verdad revelada y de la vida." [1]

[1] G. H. Lacy, Introducción a la teología sistemática, Miami, Vida, 1958, p. 28

De ninguna manera podemos negar la existencia y la importancia de las experiencias místicas en la vida cristiana. Es más, nuestra conversión y nuevo nacimiento conforman experiencias místicas de las más grandes que un ser humano pueda experimentar. La justificación y toda su implicancia es un fenómeno que no podemos explicar con palabras. Quizá podamos comprender o explicar el proceso, los requisitos, la confiabilidad, pero la unión mística de nuestro espíritu con el de Dios, el acercamiento y la intervención del Espíritu Santo en nuestra vida, no los podemos explicar.

El verdadero místico ve su vida espiritual en una unión mística con la vida de Cristo. Ve que el fin máximo, último, de su existencia es conformarse a la vida de Cristo y permitir que Cristo viva su vida de una manera perfecta y plena en la vida de él. En una palabra, el fin último es conocer a Cristo en forma personal y concreta, y no meramente "por carta". La vorágine de nuestros tiempos muchas veces nos impide que nos detengamos a profundizar nuestra relación personal e íntima con el Señor. Nos resulta más fácil invertir tiempo en las cosas del Señor, que en el Señor de las cosas.

Uno de los errores del cristianismo, al cual atacamos, es pretender por medios propios, en este caso sentimientos, alcanzar una unión mística, una experiencia de éxtasis y la propia salvación. El verdadero misticismo cristiano no se alimenta de las emociones, de los sentimientos e imaginaciones de la persona misma, sino de una participación real en la vida de Cristo. Si Cristo me reconcilia y llego a ser hijo de Dios, es porque el propósito de Dios es una relación íntima.

El verdadero misticismo tiene su iniciativa en Dios, es consecuencia de un caminar diario, continuo e íntimo con él. Es la consecuencia de una relación con un Dios que ama, que siente, que sufre y que se alegra. Es el resultado de una relación íntima de un hijo con su Padre. Por tanto, es absurdo pretender tener experiencias aisladas o descolgadas de todo lo demás en la vida cristiana, porque toda la vida cristiana está compuesta por experiencias. Cada día que caminamos con Dios estamos viviendo una nueva experiencia. La Biblia nos dice que Enoc caminó con Dios, y básicamente se refiere a que tuvo una continua y profunda relación con su Padre celestial. No debemos conformarnos con una, dos o tres experiencias abstractas, porque la vida cristiana es dinámica, viva y cada día que vivimos con Cristo es como vivir una nueva aventura. Cuando recibimos a Cristo, recibimos más que un pasaje al cielo, recibimos un boleto de nuevas aventuras con nuestro Señor cada día. El cristianismo no consiste meramente en una o dos experiencias místicas en el total de una vida. Si Cristo dijo que los que creen en él no son de este mundo, está implícitamente revelando un misterio, una gran experiencia mística.

En este sentido, todo verdadero cristiano es un místico. Los apóstoles de Cristo y el mismo apóstol Pablo eran algunos de los místicos más preeminentes de la iglesia cristiana primitiva (Ef. 3.8-9). El apóstol Juan en su evangelio (16.13) se refiere al misticismo cuando habla del Espíritu de verdad, el cual "los guiará a toda la verdad", dando a entender en forma absoluta que el Espíritu Santo es quien revela y no es el ser humano quien frenéticamente busca algún tipo de revelación.

Cuando hablamos de experiencia mística, nos estamos refiriendo a la unión de nuestro espíritu con el de Dios. Esta unión es correcta, siempre y cuando se dé por iniciativa divina y cuando lo revelado está en armonía con las Escrituras. Está en su lugar correcto cuando no lo tomamos como parte necesaria para nuestra salvación, como un mérito nuestro, sino como un don de Dios para fortalecer nuestro espíritu o para guiarnos hacia algo correcto.

Estas mismas experiencias tienen básicamente dos peligros. Uno es, que sea falsa. Es cuando lo que escuchamos o percibimos no está en armonía con las Escrituras. Dos, cuando tomamos las experiencias, que pueden ser genuinas y en concordancia con las Escrituras, como experiencias meritorias para nuestra salvación o nuestra santificación.

La iglesia cristiana, debido a sus manifestaciones y la vida espiritual que transmite, es un misterio que los seres humanos del mundo no pueden comprender, porque no han experimentado su poder, el poder de Dios, quien todo lo sustenta.

De la misma manera, es absurdo pretender entender la Biblia sin antes conocer a su autor. El ser humano para conocer a Dios debe ser un participante de la naturaleza divina. El verdadero místico en ningún momento pierde su personalidad, su conciencia, su razón. No es como los falsos místicos que al elevarse a un estado superior pierden su individualidad y su vida en la inmensidad de la divinidad, al igual que una gota de agua se pierde en la inmensidad del mar. Con respecto a esto, el doctor Lacy comenta:

> El misticismo falso produce sus resultados más lógicos en la teosofía budista. En este sistema, el hombre más divino llega a una extinción en cuanto a su personalidad, en lo que se llama nirvana. Pero en el verdadero misticismo, encontramos nuestra personalidad en sus perfecciones y en su individualidad eterna en Cristo Jesús. [2]

Estamos equivocados cuando creemos que todo el conocimiento religioso se percibe solamente por una comunicación directa con lo divino. Al pretender esto, estamos ignorando o siendo indiferentes a las Escrituras, a la revelación ya dada. Por consiguiente, despreciamos la necesidad del uso de las capacidades humanas que Dios nos ha dado para la recepción de los principios cristianos que encontramos en la Biblia (despreciamos la lectura, la

---

[2] Ibíd., p. 28.

meditación, el estudio, etc.). Además, las Escrituras enseñan claramente que lo invisible de Dios se aprende por medio del estudio de las cosas visibles que él ha hecho (Ro. 1.20). Muchos cristianos que tienen ciertos dones espirituales creen estar en un estado superior cuando Dios se manifiesta a ellos de una manera directa. A veces hasta dejan de lado la revelación escrita. Pretenden recibir siempre una guía directa para sus vidas, para no encontrarse en la necesidad de ir a las Escrituras y obtener de allí la genuina orientación. El mejor camino que podemos tomar es aprobar y aceptar la sabiduría de Cristo, la cual nos ha dejado revelada en la historia de su vida y en su revelación escrita. Además, no debemos olvidar el principio de "fiel en lo poco". Si no soy fiel a lo ya revelado en las Escrituras, difícilmente Dios me confiará más.

El verdadero cristiano no persigue las experiencias místicas emocionales y meritorias, sino que vive la misma experiencia mística que se da al estar unido su espíritu al de Cristo, en la vida diaria. En otras palabras, no debemos buscar experiencias místicas como un fin en sí mismo, sino que debemos anhelar conocer más a Cristo. Y si en los planes de Dios para lograr ese objetivo hay nuevas experiencias, debemos capitalizarlas para una vida de comunión más íntima con Jesús.

La experiencia mística no es ningún método aplicable por iniciativa propia que sirve para provocar vivencias y estados místicos. Toda experiencia mística verdadera es por iniciativa de la gracia divina. Por tanto, no es necesario vaciarse de uno mismo, en el sentido de dejar la mente en blanco, ni tampoco es producida a costa de mi empobrecimiento. Debemos vaciarnos de todo orgullo, soberbia, autosuficiencia, egoísmo, etc., para que podamos ser llenados por Dios. Según Franz König, la iluminación mística no eleva por encima del estado de la fe, pero permite captar inmediatamente lo que el acto debe a la intervención de Dios.[3]

[3] Franz König, Diccionario de las religiones, Tomo. II., Madrid, Herder, 1964, p. 917.

Aquí llegamos al corazón de este tema: la sola fe en Cristo debe ser rectora de nuestras experiencias místicas. Toda aquella experiencia mística que anula la fe, por muy buena que sea, o es falsa experiencia o está siendo mal capitalizada o administrada. No podemos admitir que las experiencias emocionales rijan nuestras vidas, que nos guíen y que nos digan qué es lo que debemos o no debemos hacer. Si así lo permitimos, como vimos en el primer capítulo, las experiencias se transforman en "agregados" para nuestra salvación. Aquí no estamos negando la posibilidad de que Dios se nos manifieste por este medio y nos dé indicaciones claras y específicas para situaciones concretas en donde es necesario tener una plena seguridad. Lo normativo en Dios es que cualquier tipo de revelación concuerde con las Escrituras, porque ambas son expresiones fieles de su ser. Si la revelación no está en armonía con las Escrituras, no lo está con Dios.

Si analizamos lo dicho por Pedro (2 Pe. 1.19-21) nos daremos cuenta de la importancia que tiene la Escritura ya revelada. Hacemos bien en estar atentos a la Palabra de Dios, que es segura, porque es inspirada por Dios a los profetas por obra del Espíritu Santo. Esta palabra penetra en nuestros corazones como una luz que invade la oscuridad, y luego, al igual que el lucero de la mañana resplandece, esa palabra (*rhêma*) resplandecerá en nuestros corazones y en nuestra vida entera.

El misticismo verdadero expresa que todos los creyentes son habitados por el Espíritu y, por lo tanto, están en la posición de ser iluminados por él. Pero hay una revelación que ha sido dada, y la obra reveladora del Espíritu Santo se especializa en aclarar el contenido de las Escrituras en la mente y corazón del creyente.

El falso misticismo ignora la declaración de Judas 3 que afirma que hay una fe o sistema de fe "dado una vez a los santos" y que cuando el Espíritu fue prometido para "guiar a toda la verdad" (Jn. 16.13), se refiere a la verdad en armonía con las Escrituras (1 Co. 2.9-10). Hay un conocimiento especial de los misterios o secretos de Dios dado a aquellos que son enseñados por el Espíritu, pero estos secretos sagrados ya están contenidos en el texto de la Biblia y toda experiencia debe concordar con ella. Y ¿qué de los sentimientos y de las emociones? Dios nos creó con la capacidad de sentir y de emocionarnos, por lo tanto, también tienen su debido lugar en la experiencia cristiana. Los sentimientos y las emociones son consecuencia de un entendimiento de la obra de Dios en nuestras vidas. Hace un tiempo atrás Dios me hizo recordar cuánto me amaba y cuán importante he sido, soy y seré para él. Volver a recordar esa verdad, comprenderla con mi mente, trajo como resultado que mis emociones también fueran tocadas. Los sentimientos, la mayoría de las veces son involuntarios. Nuestros corazones no van a sentir porque los mandemos a sentir. Tampoco hay algún mandato bíblico para sentir. Las Escrituras nunca nos dicen que debemos sentir, sino que el mandato es que creamos y obedezcamos. Nuestros sentimientos no son los rectores de la verdad, sino que deben ser orientados por ella. También es cierto que si una persona no puede expresar sus emociones es porque en algún momento de su vida ha sido herida, y se ha formado una coraza para no volver a sufrir otra vez. Esa persona necesita experimentar la sanidad que Jesús puede dar.

No necesitamos sentir que tenemos vida eterna para tenerla, sino que debemos creer en Cristo y en su promesa y, como consecuencia de eso, vamos a sentir el gozo de ser salvos. "Uno siente las sensaciones que acompañan al juicio de que es salvo, cuando se es salvo."[4] Tenemos que ser para sentir y no sentir para ser. Porque cuando esperamos que nuestros sentimientos nos recomienden a Dios, o nos preparen o capaciten para acudir a él, estamos haciendo descansar nuestra salvación en ellos, en nuestro mérito de sentir. Así apelamos a nuestra propia justicia,

---

[4] FJay E. Adams, Manual del consejero cristiano, Barcelona, CLIE, 1984, p. 142.

porque queremos sentir para acudir o creer en Dios. Al decir "no siento nada", presentamos una excusa para aferrarnos a nosotros mismos. Le decimos: "Mira Dios, mientras mi corazón no sienta nada no puedo seguirte, no puedo confiar en ti, espera que mi corazón sienta de seguirte y confiar en ti, y luego te obedeceré". De esta manera hemos sustituido la fe en Dios por la fe en nuestros sentimientos.

Cuando nos escondemos detrás de la frase "no siento nada", nos estamos excusando, porque no queremos renunciar al mundo, al pecado, a nuestro orgullo, a nuestros derechos; no queremos obedecer a Dios. Por el contrario, aspiramos primeramente obedecer a nuestros sentimientos, y eso, en definitiva, trae aparejado el intento de justificación por méritos propios. Nos encontramos frente a la disyuntiva: creer en nuestros sentimientos versus creer en la obra de Cristo.

Los sentimientos tienen su lugar correcto: deben estar subordinados a lo que el Espíritu Santo revela en las Escrituras. Cuando Dios nos manda que nos regocijemos o que siempre estemos gozosos, en cierta manera nos da a entender que esto debe ser producido por el Espíritu Santo, y que diariamente debemos vivir de ese modo. El verdadero gozo debe estar basado sobre la fe, en la revelación y no en nuestros sentimientos. Los sentimientos sirven para disfrutar de la gracia de Dios y no para producirla o estimularla.

El desafío está en ceder nuestros sentimientos como autoridad y obedecer completamente los mandatos de Dios. A aquello que ya es real o verdadero, porque fue pronunciado por el Espíritu Santo a través de los seres humanos que él utilizó. La verdad básica es ésta: el que cree en Jesús (aunque no lo sienta) tiene vida eterna (Jn. 6.47). La verdad y la realidad es que por la obra de Cristo tenemos vida en abundancia y vida eterna, y sólo por su obra.

Preguntas para el estudio y la discusión

1. Defina brevemente lo que significa "relación mística".

2. ¿Cómo ve el verdadero místico su vida espiritual?

3. ¿Cuál es el peligro que se ve en las experiencias místicas?

4. ¿Cuáles son los dos peligros de las experiencias místicas?

5. ¿Qué dice Lacy con relación a los falsos místicos?

6. ¿Quién es el que inicia la verdadera experiencia mística? Describa brevemente el proceso.

7. ¿Qué o quién determina nuestras experiencias místicas?

8. ¿Qué lugar ocupan nuestros sentimientos y nuestras emociones en nuestra experiencia espiritual?

9. ¿Qué es lo que comúnmente escondemos detrás de la frase "no siento nada"?

10. ¿Sobre qué debe estar basado el verdadero gozo?

Actividades de aplicación

1. Describa brevemente cómo las emociones y los sentimientos participaron en su proceso de conversión.

2. Comente sucintamente cuál ha sido su última experiencia mística y qué papel jugaron los sentimientos.

3. Comente brevemente en qué sentido sus sentimientos y emociones le jugaron en contra en su relación con Dios.

14
Una religiosidad verdadera

La cuestión de la salvación sólo puede formularse si ella existe. La búsqueda de la salvación presupone la existencia de la misma. Al igual que la indagación de la verdad presupone la existencia de la verdad, o la búsqueda de oro presupone la existencia del mineral. Del mismo modo, aparece en la esfera religiosa la búsqueda de Cristo, así como los intentos de salvación.

Entendemos como religión, en sentido negativo, cuando nuestros sentimientos de veneración y temor hacia un conjunto de creencias o dogmas acerca de la divinidad, junto con las normas morales de conducta individual o social y las prácticas rituales (la oración, el culto, etc.), tienen como fin una retribución meritoria para nuestra salvación. En esta religiosidad la práctica y el esmero en el cumplimiento de los deberes religiosos se trasforman también en obras meritorias.

La religión en sí no es sinónimo de autosalvación, tiene su lugar correcto. Pretender identificar la religión con el intento de autosalvación por ritos es tan erróneo como querer identificar la religión con la revelación. La religiosidad es ambigua, como toda la vida, por lo tanto, no sirve como método de autosalvación. Hay varias palabras griegas características del lenguaje de las epístolas paulinas, que, como veremos, no son fáciles de traducir, pero que todas ellas contienen una idea esencial que nos ayudará a aclarar este punto.

Eusébeia

Nombre que la versión Reina-Valera antigua traduce "piedad". La misma versión, en su revisión de 1960, retiene usualmente esta traducción. La Versión Popular dice "devoción a Dios".

Eusebēs
Es el adjetivo que Reina-Valera traduce "devoto" o "piadoso"; la Versión Popular traduce "entregado a Dios y respetable".

Eusebeîn
Es el verbo que significa adorar, cumplir con los requisitos de la verdadera religión.

Eùsebòs
Adverbio que la versión Reina-Valera traduce por "piadosamente".

Theosébeia
Esta palabra está íntimamente relacionada con las otras, que la versión Reina-Valera traduce por "piedad".

Theosebēs
Es el adjetivo que significa "Dios adorable".[1]

---
[1] William Barclay, Palabras griegas del Nuevo Testamento, El Paso, Casa Bautista de Publicaciones, 1977, p. 82.

Podemos apreciar que todas estas palabras proceden de la misma raíz, que significa temor en presencia de lo que es más que humano, reverencia ante lo que es majestuoso y divino. Pero no sólo expresan temor y reverencia, implican también la adoración que conviene con ese temor y la vida de activa obediencia propia de esa actividad reverente.

El hecho es que, hasta donde el idioma griego dispone de una palabra para expresar la idea de religión, esa palabra es *eusébeia*. Esencialmente, significa dar a Dios el lugar que debe ocupar en nuestras vidas, en nuestros pensamientos y en nuestros corazones. La religión o la religiosidad no nos salvan ni tampoco sirven como "agregados". La religión y la religiosidad deben estar bajo el juicio de la fe. La sola fe en Cristo debe ser rectora de la religiosidad. Si podemos hablar de una buena religiosidad, ésta debe ser consecuencia de un genuino encuentro con Jesucristo.

La palabra *eusébeia* se encuentra diez veces en las epístolas pastorales. En 1 Timoteo 2.2, Pablo dice que la aspiración de la vida cristiana debe ser vivir en toda piedad y honestidad. En 1 Timoteo 3.16 Pablo dice: "Grande es el misterio de la piedad (*eusébeia*) (NVI)". No hay ninguna duda de que el secreto de nuestra religión es algo grandioso. El secreto es Cristo mismo.

En 1 Timoteo 4.7, Pablo exhorta al cristiano a que se ejercite en la piedad. Algunos traducen este concepto como sigue: "Que se ejercite en la vida religiosa". En 1 Timoteo 4.8 Pablo dice que la *eusébeia* es provechosa para todas las cosas (Reina-Valera traduce "piedad"; mientras que la Versión Popular traduce "devoción").

En 1 Timoteo 6.3 se habla de la doctrina que es conforme a la eusébeia, a la piedad. En 1 Timoteo 6.5-6, aquellos que procuran ganar el dinero por la *eusébeia* están condenados, pero se indica que eusébeia con contentamiento es gran ganancia (Reina-Valera traduce "piedad"; la Versión Popular traduce "religión"). El pasaje de 2 Timoteo 5.5 se refiere a los que sólo tienen apariencia de *eusébeia* (piedad-religión). Tito 1.1 habla de la verdad que es según la *eusébeia* (piedad-religión).

Fuera de las cartas pastorales, *eusébeia* aparece cuatro veces en 2 Pedro. En 1.3, Pedro habla de la vida según la *eusébeia*, la piedad. En 1.6 pide al cristiano que añada *eusébeia* a la paciencia y al amor fraternal. En 3.11 hay una frase que reza: "toda conversación y *eusébeia* santas", que la versión Reina-Valera traduce "piedad", mientras que la Versión Popular traduce "¡con cuánta consagración y devoción deben ustedes vivir!". Según Barclay, *eusébeia* es la palabra para la verdadera religión. Partiendo de esta base, podemos, entonces, analizar más de cerca este término.

1. *Eusébei*a, verdadera religión, viene a través del poder divino de Jesucristo (2 Pe. 1.3). Sin creer en Jesús, sin su ayuda, sin la presencia de Jesús por medio del Espíritu Santo en nuestras vidas, es imposible vivir la verdadera religión. En 1 Timoteo 3.16 Pablo habla del misterio de la piedad. En el Nuevo Testamento y en el mundo antiguo, un misterio no era algo difícil de entender y nada más. Era algo inteligible sólo para los iniciados. Un misterio era un secreto divino, ininteligible al mero espectador, pero abierto, precioso, claro y cristalino para el verdadero adorador. Para nosotros puede ser así, porque Jesús nos trajo el secreto de la verdadera religión. En él, nosotros, los cristianos, podemos ver a Dios y aprender cómo adorarlo.
2. Pero aunque *eusébeia*, verdadera religión, es el don del poder de Jesucristo, nosotros debemos batallar y luchar para cuidar ese don. Debemos pulirlo, quitar todo aquello que pueda tergiversar la verdadera *eusébeia*. Somos administradores de Dios, por lo tanto debemos administrar correctamente la *eusébeia* en nuestra vida. Debemos ejercitarnos para la piedad (1 Ti. 4.7). Debemos seguir la piedad (1 Ti. 6.11). No importa cuántas veces nos equivoquemos, busquémosla, sigámosla, ejercité-

mosla, pero estando siempre conscientes de que ése es el don del poder de Jesucristo. Nosotros somos soldados y atletas a la vez. Como el atleta se ejercita para competir, así el cristiano necesita y debe ejercitarse para ser un buen seguidor, comprometido con Cristo. Ejercitarse en la *eusébeia* sería, básicamente y en primer lugar, ejercitarse para creer cada vez más sólo en la gracia de Jesucristo y en sus principios.
3. Este don y esta lucha, combinados, traen tres consecuencias:

   a. *Eusébeia* trae disturbios. El hombre que quiere vivir para Cristo debe esperar sufrir persecución (2 Ti. 3.12). De una u otra manera, si realmente queremos vivir como Jesús nos pide, tendremos problemas. Ser distintos de los demás y regirse por normas y aspiraciones diferentes siempre es problemático. La contracorriente o contracultura no es aceptable o bien vista por la humanidad en general.
   b. *Eusébeia* trae poder. Sanidad y poder fue lo que las multitudes de Jerusalén vieron en Pedro y en Juan (Hch. 3.12). Lo extraordinario y fuera de lo común es que Jesús nunca nos encomienda una tarea sin darnos también el poder para que la llevemos a cabo. Podríamos decir que Jesús nos invita a volar, y que también nos da las alas para hacerlo y nos enseña con su ejemplo cómo realizarlo. En un mundo que se está derrumbando, sólo nosotros, los cristianos, tenemos el poder para mantenernos como una fortaleza contra los asedios de la sociedad y del enemigo. ¿Qué hacemos entonces? ¡Adelante! La batalla nos espera, y no olvidemos: el poder está en nosotros. Jesús, hablando de los últimos tiempos, dice que habrá gran tribulación. Lo llamativo es que esta palabra tribulación también puede ser traducida por presión. La realidad de hoy en día es que cada vez sentimos una mayor presión del exterior que nos quiere destruir, tirar abajo. Sólo el poder interno que

nos da Cristo puede hacer que resistamos las presiones exteriores y salgamos victoriosos.
c. *Eusébeia* nos acerca a Dios. Para el verdadero adorador de Dios el camino del Señor está siempre abierto (Jn. 9.31). En cada tiempo de prueba, el cristiano puede retirarse o acercarse a la presencia de Dios, para luego reaparecer con un poder que no es suyo. Nosotros los cristianos tenemos continuo acceso al poder del Eterno, por lo tanto, acerquémonos a su trono de gracia confiadamente (Heb. 10.22). Mientras escribo estas páginas pienso en las veces en que mi propia vida ha pasado por períodos de presiones exteriores, y una y otra vez me apropio de esta verdad, porque se que mi Padre no me abandona, sino que con la prueba él siempre me dará la victoria.
d. *Eusébeia* es el distintivo de la vida cristiana. La aspiración y el deber del cristiano es "vivir en toda piedad y honestidad" (1 Ti. 2.2). "Un santo, como alguien ha dicho, es todo aquel que facilita la creencia correcta en Dios." [2]
e. *Eusébeia* es el puente de toda verdadera teología y de todo verdadero pensar (1 Ti. 6.3; Tit. 1.1). Una de las grandes realidades desatendidas por la vida cristiana es que inspiración y revelación están moralmente condicionadas. El drama de hoy en día es que muchos *saben* acerca de Dios, pero son pocos los que *conocen* a Dios. Dios nos desafía y nos invita a conocerlo a él. Dios solo puede decirle a un ser humano lo que ese ser humano es capaz de entender y recibir. Es más importante lo que yo soy en Cristo, que lo que yo digo de Cristo. Cuanto más cerca un hombre viva de Dios, más puede Dios hablarle. El gran pensador y teólogo debe ser primero un gran hombre de Dios. Si queremos ser buenos teólogos, pensadores y "re-

---

[2] Ibid., p. 88.

flexionadores", necesitamos primeramente conocer bien a Dios y reflexionar sobre nosotros mismos. Para aprender de Dios, debemos primero obedecerlo.
f. *Eusébeia* nunca debe ser confundida con prosperidad material. El hombre que usa o ve a la religión como un medio para un éxito material o de cualquier otro tipo, tiene una visión degradante de lo que es la religión (1 Ti. 6.5). La verdadera religión es el camino hacia el auténtico provecho y el legítimo gozo en este mundo y en el venidero (1 Ti. 4.8). Su esencia radica en la verdad fundamental de que la genuina felicidad nunca es resultado de poseer cosas, pues éstas no son las que dan satisfacción o paz. La verdadera felicidad se encuentra en las relaciones personales. Si un hombre tiene amor, lo tiene todo. La relación personal más grande que podemos tener es la que establecemos con Dios. Un autor anónimo ha dicho que "la hora mejor empleada de nuestra vida es aquella en la que más amamos a Jesucristo". Si tal relación es justa, entonces, a pesar de los problemas o las dificultades que podamos tener, la vida es auténtica felicidad.
g. Eusébeia es lo que resulta de la vida vivida a la luz de la eternidad. En 2 Pedro 3.11 se exige a los seres humanos una "santa y piadosa manera de vivir", porque Jesús viene otra vez. Es posible que hoy, tras el lento paso de los siglos, no seamos conscientes del regreso de Cristo o no lo esperemos tan inminentemente como los cristianos del primer siglo lo hicieron. Pero no olvidemos que nosotros, en realidad, estamos más cerca del encuentro con Cristo que los cristianos de veinte siglos atrás. La verdadera religión es característica del hombre o la mujer cuya vida es tal, que siempre está preparado para encontrarse con Dios.
h. *Eusébeia*, la verdadera religión, no separa al ser humano

de su prójimo. A la eusébeia debe añadirse, como parte esencial de ella, el amor fraternal (2 Pe. 1.6-7). La verdadera religión se ocupa tanto de Dios como del ser humano, y no sólo del cumplimiento personal de las obras litúrgicas de una manera rigurosa con el fin de colaborar con Dios en la salvación. ¿Depende la salvación del acto sa-cramental que el sacerdote realiza y en el que el cristiano participa? La autosalvación sacramental es la distorsión de la receptividad sacramental.

La verdadera religión, como ya dijimos, debe ser consecuencia de la regeneración obrada por Dios en nuestras vidas, y siempre debe estar bajo la mira o el juicio de la sola fe en Cristo. Muchos paganos han interpretado la palabra *eusébeia*, pero cuando los pensadores cristianos la tomaron, aunque era ya una gran palabra, la llenaron de un contenido magnífico que la hizo mucho más grande de lo que jamás podrían haber llegado a hacerla los paganos.

Ejercitémonos en la piedad, vivámosla y adornemos de esa manera al Dador y al poderoso evangelio que ha interferido y ha sido depositado en nuestros corazones.

Hay ciertas religiones que separan al ser humano de su prójimo. Pueden hacerle dejar la vida del mundo por la vida de contemplación, meditación y oración, como es el caso de los monjes y ermitaños. No estamos en contra de estas disciplinas, al contrario, creemos que son sumamente necesarias para un cristiano. Son la base. Pero la oración, la contemplación y la meditación, siendo grandes y esenciales, resultan imperfectas, truncadas e incluso anticristianas, si no llegan a finalizar en la acción. Jesús practicaba estas disciplinas y formaron parte vital de su ministerio. No obstante, nunca se separó tanto como para dejar de comprometerse con los seres humanos, dolerse con ellos, llorar con ellos, ayudarlos, consolarlos, alimentarlos. Es cierto que hay ocasiones cuando un cristiano debe retirarse del mundo, subir al monte de la transfiguración y contemplar a Dios, pero sólo debe hacer esto para regresar más capacitado para actuar frente al mundo y ayudar a vivir a sus semejantes. El cristiano no vive con Dios para evitar a su prójimo, sino para acercarse a él y para poder solventar mejor el problema de vivir juntos.

Por todo lo analizado, *eusébeia*, verdadera religión, no está confinada al recinto del templo y no se limita a la adoración, al cumplimiento de la liturgia y al ritual de la iglesia. La verdadera religión comienza en casa, en el hogar; allí también se realizaban las reuniones durante la era de la iglesia primitiva. Los que quieren ser verdaderos siervos de Dios y de su iglesia deben recordar que "el primer deber que impone la religión atañe a su propia familia" (1 Ti. 5.4). Si el trabajo de un hombre en la iglesia implica desatender a su familia, entonces, esto es irreligión, no religión. [3]

No podemos pretender una buena iglesia cristiana que no esté fundada en el hogar cristiano. La obra religiosa más importante no es la que se hace en público, sino en el retiro del hogar y en medio de lo que debe ser el círculo de nuestros seres más queridos. Si no aprendemos a comportarnos piadosamente en nuestro hogar, menos lo haremos en una comunidad o en una iglesia.

¿Queremos iglesias piadosas? Pues perfeccionémonos individualmente primero. La suma de personas piadosas constituye iglesias o comunidades piadosas. Cierto es que el verdadero cristianismo, como la verdadera caridad, debe comenzar en el hogar, pero también es cierto que no debe quedar ahí, sino que debe alcanzar al mundo y a la iglesia. La religiosidad o religión es inútil como "agregado" a nuestra salvación, pero útil y necesaria cuando se entiende su significado correcto, para cultivar una buena vida cristiana.

---

[3] Ibíd., p. 89 y ss. (Algunas ideas fueron tomadas de este autor y desarrolladas.)

Preguntas para el estudio y la discusión

1. Resuma brevemente que entiende por religión.

2. Nombre algunas de las palabras griegas que se utilizan para referirse a religión.

3. ¿Qué significa esencialmente la palabra usébeia?

4. ¿Cuántas veces se encuentra la palabra eusébeia en las cartas pastorales y cuál es la traducción más común que le dan Reina-Valera y la Versión Popular?

5. Fuera de las cartas pastorales, ¿cuál es el significado más común que tiene la palabra eusébeia?

6. ¿Quién es la fuente de la verdadera religión?

7. ¿Cuáles son los tres resultados básicos de la lucha por vivir piadosamente?

8. Defina brevemente lo que es un santo.

9. La verdadera religión, ¿de qué debe ser consecuencia?

10. ¿En dónde comienza el verdadero cristianismo o la verdadera religión?

Actividades de aplicación

1. Describa brevemente en qué consiste su vida religiosa.

2. ¿Cuál de los significados de la palabra eusébeia se aplicaría mejor a su experiencia y por qué?

3. ¿En qué cuestiones prácticas usted practica la verdadera religión en el lugar en donde vive?

15
Una doctrina que libera

Ahora bien, sabemos que la ley es buena, si se aplica como es debido. (1 Timoteo 1.8, NVI)

DEPENDE LA SALVACIÓN DE LAS VERDADERAS doctrinas que la iglesia formula y que el cristiano acepta? No. Acerca de cómo la "ley es buena" ha habido muchas respuestas a través de toda la historia del cristianismo.

Entendemos por doctrina al conjunto de enseñanzas, ritos, principios y valores. Para que ellos sean eficientes y tengan su debido peso, deben estar respaldados por nuestras vidas (Mr. 1.22) y por las Escrituras en cada caso.

Cuando la Biblia habla de doctrina, se refiere a todos los mandatos o principios dejados por nuestro Señor, como también al testamento de fe o el credo de los cristianos. Hay mucha relación entre doctrina y ley, entendiéndose a ésta como al conjunto de enseñanzas, mandatos y prohibiciones del Antiguo Testamento. Veamos algo en cuanto a la ley.

1. Se llegó a tener a la ley como elemento salvífico o, por lo menos, de ayuda para salvar el ser humano. Pero este punto es contrario a la teología bíblica, especialmente a la del Nuevo Testamento, porque la ley no salva, sino que condena.
2. Otros pensaron que servía para la santificación. Este punto de vista también es erróneo, pues la propia santificación es por gracia, siendo parte de la salvación (2 Ts. 2.13; Ro. 1.4).
3. La explicación cristiana del texto de 1 Timoteo 1.8 es que la ley no tiene función alguna para la justificación, aunque ciertamente sea una declaración apostólica revolucionaria. Por otro lado, la ley tiene una total aplicación en el caso de los incrédulos, revelándoles y condenándolos a causa de esto.
4. Su verdadero lugar sobre la base de algunas respuestas neotestamentarias el siguiente: la ley revela el pecado y lo condena, y también sirve de base para su juicio. Contrasta la naturaleza profana del ser humano con la santidad divina y permite que el ser humano reconozca que toda santidad menor que la santidad divina, no le da derecho de acceso al cielo.

La santidad de Dios es conferida a los seres humanos por medio de su gracia, tornándose real a través de la santificación (Ro. 3.21). Sin la santificación, ninguno jamás verá a Dios (Heb. 12.14). La ley lleva a los seres humanos a volcar su atención en Cristo, pues, en su desespero, perciben que las demandas de las exigencias divinas son demasiado elevadas para llegar a cumplirlas sin la ayuda divina o el toque "místico" del Espíritu Santo.

Pablo decía que la ley es buena "si se utiliza de modo legítimo". Esto es, de conformidad a lo que estuvimos viendo. Es aplicar la ley a los injustos y no a los piadosos, siempre entendiendo que ella no está para la justificación ni para la santificación. Intentar utilizar la ley para la justificación o para la santificación es ilegítimo y no producirá los efectos deseados.

Una doctrina que libera | 211

La ley en el cristiano está puesta sobre una base más firme, no como una medida penal, sino como la orientación de un Dios amoroso. La ley no sirve como guía para exhibición del amor a Dios. Al contrario, el Espíritu Santo es esa guía, que ultrapasa grandemente al principio legalista. [1]

En el sentido bíblico, la ley no es una obligación relevante para el creyente, sino que sirve como medio para despertar a los injustos al arrepentimiento. Pero en cierta manera, estos principios de la ley podemos aplicarlos al conjunto de la doctrina que tenemos, y así decir, entonces, que la doctrina o el cumplimiento de la misma no nos salva, sino que nos ayuda a madurar como cristianos. La doctrina es beneficiosa para el ser humano, recién después de ser regenerado.

La salvación no la obtenemos mediante la combinación de la fe en Cristo y el cumplimiento de la doctrina. El hacer énfasis en la doctrina a veces impide el libre obrar del Espíritu Santo y trae como consecuencia el legalismo. Y el legalismo, como bien sabemos, no salva, sino que condena. Por lo tanto, no sirve como medio de autosalvación. La ley de Dios exige perfección o condena. Sólo hay perfección cuando la cumple Jesucristo (quien es perfecto). Cuando el ser humano lo intenta no lo hace perfectamente, porque no es perfecto.

La doctrina bien encausada y en su lugar correcto tiene como fin, básicamente, dos cosas:

- Dar orientación a la iglesia en cuanto a sus creencias. Marca, en cierta manera, los parámetros con los cuales los creyentes pueden guiarse. Marca el camino o los principios por los cuales seguir.
- También trae solidez a la iglesia. Una iglesia sin doctrina, sin enseñanza, es como un barco sin timón; y las corrientes

[1] Russell Norman Champlin, O novo Testamento interpretado, Vol. 5, San Pablo, Milenium Distribuidora Cultural Ltda., 1982, p. 283.

existentes la llevarán de un lado hacia otro, como a niños fluctuantes (Ef. 4.14).

Para que una iglesia sea sólida y crezca con buenas bases, es importante tener en claro el conjunto de enseñanzas con las cuales pueden regirse. Pero nunca el conjunto de doctrinas debe ocupar el lugar de Cristo para nuestra salvación. Siempre debe estar bajo el juicio de la sola fe en Cristo.

La verdadera doctrina, su interpretación y la aplicación de la misma traen como consecuencia inevitable la unidad de la iglesia, en contraste a la desunión que trae el mal uso de la doctrina. La verdadera doctrina guía a cada creyente a la disposición de colaborar con su hermano, ayudándolo en sus debilidades, amándolo, levantándolo cuando se cae y no condenándolo. La verdadera aplicación de la ley o la doctrina hace que uno se duela cuando alguien se equivoca, no por el quebrantamiento de la ley, sino por las consecuencias que puede acarrearse el trasgresor, lo que nos debe empujar a ayudarlo y apoyarlo, alentándolo a que vuelva a comenzar nuevamente.

La verdadera aplicación de la doctrina permite el libre obrar del Espíritu Santo en la comunidad y en nuestra vida personal. La comunidad, o la iglesia no legalista, es aquella que no prohíbe, sino que educa, disciplina, instruye y acompaña a que cada creyente obedezca libremente y por amor los mandamientos divinos. El problema radica cuando se educa a la congregación en el conocimiento de la doctrina, más que en el conocimiento de Dios. Determinémonos a conocer bien a Dios y a guiar a su pueblo para que conozca al Padre celestial. Nos llevará tiempo, pero los resultados serán tremendos y provechosos. El cumplimiento de la ley y de las enseñanzas será una delicia si descubrimos y ayudamos a descubrir la santidad, el amor, la misericordia, el poder y la justicia del eterno y todopoderoso Dios.

La bibliolatría y el amor al conocimiento no es el fin, sino el medio para conocer más al autor y consumador de nuestra fe (Heb. 12.20; 2.10; 5.9). El verdadero cristiano reconoce que Dios lo va a utilizar no por lo mucho que pueda saber de la Biblia, sino por lo mucho que dependa de él. El verdadero cristiano depende de la gracia de Dios y no de sus conocimientos para su salvación y su servicio a Dios. Dios no me utilizará por lo mucho que pueda saber, sino por lo mucho que le pueda creer y, por lo tanto, amarlo y obedecerlo. Alguien dijo que deberíamos estudiar tanto como si no existiera Dios y depender luego de él como si nunca hubiésemos estudiado. Este balance entre conocimiento y dependencia nos permite vivir una vida fructífera para Dios.

La doctrina utilizada legítimamente es buena. La sola fe en Cristo para nuestra salvación debe ser rectora para el buen uso de la doctrina.

Preguntas para el estudio y la discusión

1. ¿Qué se entiende por doctrina?

2. ¿A qué se refiere la Biblia cuando habla de doctrina?

3. Describa brevemente los cuatro puntos principales acerca de la ley

4. ¿Por medio de qué le es conferida al cristiano la santidad?

5. ¿En qué sentido es buena la ley, según Pablo?

6. ¿Sobre qué base le es puesta al cristiano la ley?

7. ¿Cuál es uno de los inconvenientes en hacer énfasis en la obediencia a la doctrina?

8. ¿Cuáles son, básicamente, las dos cosas de una doctrina bien encausada?

9. Nombre algunas de las consecuencias del uso correcto de la doctrina.

10. ¿Cuál debería ser el fin del conocimiento bíblico?

Actividades de aplicación

1. ¿Cuáles son algunas de las doctrinas básicas que aprendió en su temprano caminar con Dios?

2. ¿En qué sentido la doctrina afectó negativamente su vida personal?

3. ¿En que sentido la doctrina lo afectó positivamente en su caminar con Dios?

16
La moral de la gracia

LA MORAL CRISTIANA ES UNA MORAL QUE SE CONcibe a sí misma, fundamentalmente, como una moral de respuesta a la gracia que ha recibido en la palabra y salvación de Cristo. La respuesta está precedida por la gracia que ha hecho posible el cambio, y la responsabilidad en la vida no es otra cosa que la expresión de nuestro agradecimiento ante Dios por el amor que ha derramado en nuestros corazones. González de Cardenal dice que es:

> Una moral de seguimiento de Cristo para revivir creadoramente en el mundo su destino de entrega y servicio a los demás, muriendo por cada uno, dando así una base nueva a la dignidad del hombre personal, no sólo como grupo social, sino como individuo en su intrasferible identidad personal. Moral finalmente del amor, es decir, presupone la existencia nueva recibida de Cristo, a la que hemos sido llamados al margen de procedencia, raza, cultura, religión

anterior, amor, que nos es interiorizado por el Espíritu en nuestro corazón y que desde el exterior nos actualizan los demás hermanos creyentes, ayudándonos a vivir la común vocación.[1]

La verdadera moralidad es interna y no como algo impuesto desde afuera, sino que nace a raíz del derramamiento del Espíritu de Dios en nuestros corazones. Por lo menos así es concebida e interpretada la ley por Jesús en el Sermón del Monte (Mt. 5-7). La ética y el ser ético no tratan de presentar el bien como un fin en sí mismo, sino que ayudan a convivir no por el motivo del deber, sino por el de la plenitud de los motivos vitales, de lo natural y orgánico, de lo aceptado y querido libremente. Auxilian a convivir dentro del límite del deber, no como espectadores, enjuiciadores o jueces que se encuentran fuera de los procesos vitales. Ayudan a convivir no con una animosidad privada de humor contra toda fuerza vital, contra toda debilidad y desorden, ni con rivalidad desconfiada y observadora de todo lo existente y de todo deber. Auxilian a convivir no con la angustiosa subordinación de todo lo natural a lo obligatorio, de todo lo concreto a lo general, de todo lo que carece de fin a una meta, de tal manera que, finalmente en grotesca sobretensión de los límites de lo "ético", el último párrafo de una ética cristiana tenga que titularse "la diversión moralmente permitida".[2]

La exposición ética debe hacer referencia al tiempo y lugar. Caso contrario, carece de autorización concreta de la que toda exposición ética auténtica necesita. Para hablar de ética hay que hacerlo con una vinculación concreta. Por consiguiente, el discurso ético no es un sistema de afirmaciones correcto en sí mismo, del que uno puede disponer en todo tiempo y en todo lugar, sino que está decisivamente vinculado con personas, tiempos

---

[1] O. González de Cardenal, Ética y religión, Madrid, Cristiandad, 1972, p. 198.
[2] Dietrich Bonhoeffer, Ética, Madrid, Estela, 1968, p. 189.

y lugares. Dentro de esta determinación, lo ético no pierde significado, sino que en ella reside precisamente su poder, su peso. Si bien esto es correcto, tenemos que tener mucho cuidado en no caer en una ética meramente existencial. Nadie puede darse a sí mismo la capacitación para hablar en ética, sino que ésta se hace parte en el ser humano cuando Cristo penetra en el corazón de esa persona. La verdadera ética o moralidad tiene como eje principal y central a Dios, y no a nosotros mismos o a los valores morales. A su vez, el verdadero moralista complace primeramente a Dios, aunque esto signifique la ruptura de ciertas relaciones personales. El verdadero moralista se compromete con su hermano y con su prójimo. De aquí se deriva una moral de cuestionamiento y de rechazo de todas aquellas situaciones que contradicen el amor de Dios incondicional y universal, que velan o desfiguran el rostro del ser humano, su imagen, o que lo subyugan haciéndolo esclavo de las personas, ideas, productos o predeterminaciones, tanto de la naturaleza como de la sociedad. La pregunta que cada uno de nosotros debe responder es: ¿qué debo ser?, y no tanto ¿qué debo hacer?

La moral cristiana es una moral de solidaridad con las realidades negativas en orden a superarlas. Se solidariza en la misma medida en que Jesús se solidarizó con los grupos humanos marginados por razón de edad (niños), de sexo (mujeres), de nacionalidad (paganos), de clase social (pobres de la tierra), de situación moral (publicanos, prostitutas, etc.), de depravación física (enfermos). Y Jesús termina solidarizándose con aquellas determinaciones radicales de todo ser humano, la finitud, el pecado, el fracaso y la desesperanza consiguiente. Cristo se solidarizó en su muerte con todos. De la misma manera deberíamos estar dispuestos nosotros a hacerlo.

La verdadera moralidad no produce temor ante la plenitud de la vida, sino que se mete, se compromete, lucha, cae y se levanta, enfrenta el mal y triunfa con el poder de Cristo en la vida.

La moral cristiana es una moral de obligada recreación de la realidad para que permanezca como Dios la quiso, buena y fecunda. Y, asimismo, de creación de una historia que sea el reflejo y el lugar del encuentro de los seres humanos con su Señor.[3] La moral cristiana es la moral de la esperanza, ya que la resurrección de Jesús abrió una puerta en esta dura muralla ante el vivir humano, que es la finitud, con la inevitable melancolía que la acompaña o el titanismo heroico en que se retuerce. Esta brecha nos reveló a Dios como un Dios eficaz para con los seres humanos, y a los seres humanos, no como candidatos a la nada y por ello hijos de la desesperación, sino como destinados a la vida y por ello gustadores del vivir en el mundo y gustadores o receptores de la redención aquí. Alguien con respecto a esto ha dicho:

> El compromiso más claro que siente la conciencia contemporánea es el de construir un mundo solidario y fraternal, sirviéndose de todas las fuerzas morales requeridas para realizar esta tarea. En esta perspectiva ética se encuentran momentos objetivos (un proyecto político de sociedad) y momentos subjetivos (compromiso personal para realizar la propia autenticidad a través de la acción responsable), certeza (valores evangélicos claros, de alcance universal, y valores humanos que destacan en una época determinada) y problematicidad (modos concretos de actuación de los valores morales-elección de los medios adecuados-tiempos oportunos). En el plano metodológico sólo una constante confrontación interdisciplinar puede contribuir a una elaboración cultural satisfactoria.[4]

Por eso la muerte y la resurrección de Cristo hacen posi-

---

[3] González de Cardenal, op. cit., p. 199.
[4] L. Pacomino, Diccionario teológico interdisciplinar, Tomo. III, Madrid, Salamanca, 1982, p. 12-13.

ble la construcción de un mundo solidario y fraternal. Nos dan la esperanza de una moral correcta y de un mundo mejor. Pero no pretendamos nosotros transformar totalmente este mundo hasta el fin, ni tampoco miremos únicamente delante de nuestras narices, como los animales que engullen su comida sin levantar los ojos. Por el contrario, seamos seres erguidos, que con los pies en este mundo podamos elevar siempre nuestras miradas a Dios y a su pronto regreso.

La verdadera moralidad cristiana es consecuencia de una libertad interior, de una buena relación con el Dios creador. Es consecuencia del perdón total y completo de todos nuestros pecados. Es una consecuencia de la liberación de los sentimientos de culpa. Es la raíz de una redención ya obrada y creída, y no es un medio para crear redención.

La moral cristiana tiene su lugar correcto. En la sección anterior, cuando hablábamos de la regeneración, habíamos dicho que esa obra divina afectaba la esencia de nuestro ser. De modo que la verdadera ética o la verdadera moralidad surge a raíz de la obra del nuevo nacimiento realizado por el Espíritu Santo. Para que exista una verdadera ética o moralidad, debe darse en la persona, imprescindiblemente, el nuevo nacimiento, ya que sin él es imposible. Esto es así debido a que del corazón del ser humano, como dijo Jesús, "salen los malos pensamientos, los homicidios, los adulterios, la inmoralidad sexual, los robos, los falsos testimonios y las calumnias" (Mt. 15.19, NVI). Y podríamos agregar a esta lista muchas cosas más. Esto nos da a entender, entonces, que para que exista una buena moralidad debe indispensablemente ocurrir la transformación o limpieza del corazón. De lo contrario, siempre saldrá "agua en descomposición", mientras que Dios quiere que de nuestro interior "broten ríos de agua viva" (Jn. 7.38, NVI). Por lo tanto, el lugar correcto de la vida moral es cuando se da como respuesta a la gracia de Dios que ha intervenido en nuestro ser. Es, en cierta manera, el resumen de nuestra santificación. Podríamos decir que consiste en una de las consecuencias inevitables de una genuina regeneración. De modo que la moralidad no sirve para la autosalvación o la colaboración con Dios, ya que de por sí es imperfecta.

La ley nunca puede regenerar, por ser una disposición externa. Por ejemplo, en el Sermón del Monte encontramos que dice "no adulterarás", que es una disposición externa; pero también dice "el que mira a una mujer para desearla ya adulteró". Ésta es una disposición interna y necesita de la regeneración para su cumplimiento.

Ahora se comprenderá por qué las tres clásicas virtudes que refieren al ser humano a Dios, la fe, la esperanza y el amor, constituyen a su vez las bases del comportamiento del hombre o la mujer de Dios, los cuales son distintos de los demás. Es quien se sabe radicado en Dios, liberado del pecado y afirmado en el futuro, quien tiene la capacidad, y a la vez siente la profunda necesidad, de acoger al prójimo en la misma medida en que él ha sido acogido, de amarlo sin temor de perder su vida del todo, pues sabe que alguien se la guarda. El tal puede amar sin temor a la plenitud de la vida, ya que la plenitud de la vida es ser como Cristo, y ése es un ser ético.

Desde los evangelios, no sabemos cuáles han de ser todos y cada uno de los comportamientos que hemos de asumir en el mundo. Dios no nos libera del estudio de ninguna de las ciencias que investigan la naturaleza, la historia o el ser humano, pero nos confiere una nueva manera de ver la realidad y, sobre todo, una posibilidad nueva para estar en ella de manera distinta, a la luz de lo que Cristo hizo y dijo, en la fuerza de lo que su Espíritu nos sugiere en el corazón a través de su Palabra y de la palabra de los demás.

La fe es la clave. Es el fermento para una nueva actitud ética en el mundo. Una luz para caminar, conscientes de la dirección del camino y de la meta ofrecida, pero no suplanta la marcha ni tiene respuestas satisfactorias para cada uno de los tropiezos que ese camino pueda ofrecer. La actitud ética será, por lo tanto, una tarea siempre abierta también para el cristiano. La religión y la moralidad se interrelacionan entre sí. Según los verdaderos conceptos, el ser humano es o no es religioso, o es o no es moral. Si es religioso, desde el punto de vista bíblico, también lo es moralmente. Al fallar en una, inevitablemente falla en la otra. De lo contrario, la moralidad y la religión se reducen a meras ritualidades.

La ética es cristiana, porque el estudio de la ética cristiana se centra en Cristo, quien es la culminación, el punto focal y el centro de las Sagradas Escrituras. Es una ética con perspectiva evangélica, porque la buena noticia de redención hace posible cumplir la voluntad de Dios, que es el ideal fundamental de todo cristiano. La fe debe ser la rectora de la moralidad. La ética cristiana es consecuencia de la fe cristiana.

La negación de la autoridad de las Sagradas Escrituras es en gran medida responsable por el deterioro moral de nuestros días. El tremendo problema contemporáneo de la educación moral radica en la paradoja de que, los que se suponen la mejor gente, sufren escasez y pobreza moral. La ética situacional sostiene que no hay absolutos éticos, no hay nada universalmente bueno o malo, todo es relativo. Esto incluye las Escrituras, la inspiración divina y hasta a Dios mismo. La religión se transforma en enigma de los postulados bíblicos y los teólogos se vuelven en pseudoguías del pueblo cristiano, que llega a ser, por esto, un pseudopueblo cristiano.

La teología cristiano-evangélica está basada sobre un estudio de la vida moral, y su ideal está determinado y controlado, fundamentalmente, por el conocimiento de Dios y su autorrevelación en Jesucristo y en las Sagradas Escrituras, como única fuente autoritativa de la verdad. En otras palabras, la moralidad cristiana está basada sobre los principios y valores que nuestro Señor Jesucristo nos ha dejado. Fuera de esto no hay moralidad cristiana ni verdadera religión cristiana.

Preguntas para el estudio y la discusión

1. ¿Cómo se concibe básicamente la moral cristiana?

2. ¿Cómo se definiría la verdadera moralidad?

3. ¿A quién está vinculada, fundamentalmente, la ética? Describa brevemente el pensamiento.

4. ¿Cómo describiría la moral cristiana?

5. ¿Por qué se define a la moral cristiana como la moral de la esperanza?

6. ¿La moralidad cristiana es consecuencia de qué? Explique brevemente.

7. ¿Qué es lo que debe experimentar una persona para poder desarrollar una verdadera moralidad?

8. ¿En qué sentido las tres virtudes, el amor, la esperanza y la fe, se relacionan con la moralidad cristiana?

9. ¿Cómo la moralidad y la religión se interrelacionan entre sí?

10. ¿Cuál es uno de los responsables del deterioro de la moralidad?

Actividades de aplicación

1. ¿Cuál es una de las áreas morales con la que usted tiene mayores dificultades, y por qué?

2. Describa brevemente cómo su experiencia del nuevo nacimiento afectó su propia moralidad.

3. ¿Ha tenido problemas con su propia moralidad como medio de salvación? Si es así, explique cómo pudo superarlos.

17
Una inteligencia iluminada

DIOS HA CREADO AL SER HUMANO CON CAPACIdad intelectual y de razonamiento. Ninguno de los demás seres creados tienen tal facultad. Como hemos visto, el ser humano ha usado incorrectamente esa capacidad y ha pretendido colaborar con Dios para su salvación, o simplemente sustituirlo. Algunos pretenden sostener que la razón es la fuente suficiente de las verdades religiosas y que las Escrituras son autoritativas únicamente hasta donde estén de acuerdo con la razón y puedan ser demostradas lógicamente. En otras palabras, quieren aplicar a las verdades religiosas los principios matemáticos.

Es verdad que no tendríamos ninguna necesidad de revelación si no tuviéramos, al mismo tiempo, una razón por la cual poder entender intelectualmente la revelación. La revelación capta para nosotros ideas primarias como espacio, tiempo, causa, sustancia, designios, etc., que son bases del conocimiento. Y por la razón también debemos examinar las Escrituras, las cuales son una revelación divina. Lewis Chafer ha dicho en su teología sistemática que la actitud racionalista hacia la Biblia está sujeta a una doble división. [1]

1. *La posición extrema.* El racionalismo extremista niega toda revelación divina y representa la creencia o la incredulidad de los infieles, ateos y agnósticos. Aunque los racionalistas extremistas ya eran numerosos en generaciones pasadas, el número de ellos se ha incrementado grandemente hoy en día y está destinado a aumentar hacia el final de los tiempos (Lc. 18.8; 2 Ti. 3.13).
2. *La posición moderada.* El racionalismo moderno admite una revelación, pero solamente acepta las partes de la Biblia que son aprobadas por la razón humana. Las razones por las cuales el racionalismo moderado dice que partes del texto de las Escrituras no son inspiradas pueden estar basadas sobre los supuestos descubrimientos de la alta crítica o en simples prejuicios personales. Para estos hombres, la Biblia se convierte en nada más que en un libro de aciertos y errores, teniendo cada cual la libertad de eliminar cualquier porción que decida rechazar, y como divinamente autoritativa, cualquier porción que se escoja aceptar. La actitud del racionalismo moderno hacia las Escrituras, es sostenida por los llamados modernistas de hoy e incluye toda clase de liberales: desde los que simplemente niegan la inspiración plenaria y verbal hasta aquellos que rechazan todo el texto de las Escrituras como algo divinamente inspirado.

Ahora bien, aceptamos, como ya hemos admitido, el papel de nuestro razonamiento para examinar las Escrituras. Entendemos por "papel" de la razón aquel que nos lleva a conclu-

---

[1] Lewis S. Chafer, Teología sistemática, Tomo. I, EUA, Ediciones Españolas, 1974, p. 12-13.

siones lógicas, sin apartarnos de las creencias en Dios. Es la razón iluminada por la ayuda del Espíritu Santo. Mientras el Espíritu Santo no penetre en el espíritu del ser humano, nuestra mente no se acomodará al deseo de Dios. No basta sólo conocimiento, versículos. Es necesario y fundamental permitir que el Espíritu Santo conquiste nuestro espíritu, afectándonos luego la voluntad, la mente, las emociones y la imaginación. ¿Cómo hacerlo?

1. Reconociendo la grandeza de Dios infinitamente más allá de nuestra capacidad racional, razón por la cual es lógico que no podamos aprehender en la totalidad su revelación.
2. Creer ingenuamente, como niños, en ese Dios inmenso e imposible de comprender.
3. Meditando en su Palabra, razonando sobre lo ya revelado por Dios, sin dejar nunca de creerlo así.

Decimos también que toda revelación debe ser razonable, pero que a la vez hay muchas de estas revelaciones que no han de sujetarse al juicio de la razón humana, puesto que en sus alcances y relaciones van más allá de los límites de nuestra razón. Por lo tanto, deben sujetarse al juicio de la fe. Dicho de otro modo, es razonable que un Dios infinito no pueda ser comprendido por mi razonamiento finito, así, y especialmente por ello, también es razonable creer en él. "La revelación es el virrey, quien primeramente presenta sus credenciales a la asamblea provincial (la razón), y luego él mismo preside."[2]

La razón no descubre por sus propios medios y esfuerzos las verdades divinas. La razón nunca hubiera encontrado lógico lo que narran los evangelios: un Dios humillándose a sí mismo, naciendo en un corral para animales y muriendo en una cruz. La comprensión del evangelio no es cuestión de inteligencia, sino de

[2] G. H. Lacy, Introducción a la teología sistemática, Miami, Vida, 1985, p. 29.

revelación. Yo puedo tener un coeficiente intelectual muy elevado y no comprender el evangelio, o a la inversa, tener un coeficiente muy bajo y sí comprenderlo. Esto se debe a que no es por esfuerzo o voluntad, sino por aquel que revela. Por otro lado, no debemos confundir la razón con el mero ejercicio del raciocinio.

Otro de los errores de los racionalistas es ignorar la necesidad de un afecto santo, como una condición espiritual para ver lo razonable de las verdades religiosas. Ellos consideran que la razón es en sí misma capaz de descubrir, comprender y demostrar todas las verdades religiosas. Mucha de la evidencia religiosa es evidencia probable, y los racionalistas sólo admiten evidencias demostrativas. La evidencia probable es tan fuerte como la evidencia demostrativa, cuando el número de probabilidades son suficientes y cuando todas estas probabilidades señalan esta misma verdad. Pero el racionalismo no quiere aceptar esta clase de evidencia. A la vez, ellos dan demasiada importancia a la evidencia de los sentidos, mientras las verdades espirituales han de entenderse espiritualmente, o de una manera inmaterial y no medible.

La teología sistemática obtiene su información tanto de la revelación como de la razón, aunque la parte en la que interviene la razón no puede, en modo alguno, considerársela fundamental, porque su autoridad es dudosa, es limitada y hasta insignificante. La verdadera razón es aquella que combina las facultades intelectuales y morales del ser humano, ejercidas en búsqueda de la verdad con la ayuda sobrenatural. Ciertos hombres han sostenido que, sin la dirección ni asistencias divinas, el ser humano no puede llegar a alcanzar toda la verdad que le es esencial para su bienestar aquí y en el más allá.

Muchos filósofos idolatran el intelecto y su potencial, pero no es el filósofo antiguo sino el incrédulo moderno quien argumenta a favor de la suficiencia de la razón humana y ridiculiza los postulados de la revelación.

Dentro de los límites de lo humano, la razón es importantísima, pero comparada con la revelación divina, la razón es tanto falible como finita. Para el creyente que hace buen uso del intelecto, Dios no le es extraño, ni irreal, sino que Dios es su amigo. Para él, Dios es personal, cercano y afectivo. La capacidad intelectual controlada por el Espíritu Santo no niega la importancia de una experiencia personal con Cristo, al contrario, ve como fundamental y necesario ese encuentro para su salvación, ya que bien sabe que por medio del intelecto es imposible redimirse.

El lugar correcto del intelecto se da cuando el creyente hace uso adecuado de esa capacidad. Y hacer uso correcto de esa capacidad es, cuando algo de Dios y su revelación no lo puede explicar lógicamente, pero de todos modos sigue creyendo que Dios controla el mundo. Hacer uso correcto del intelecto significa tener una máxima autoridad sobre la razón, es decir, a Dios y su Palabra, aunque ello signifique no poder explicar racionalmente algunas cosas.

Dios nos ha dado el intelecto, por lo tanto, es bueno, pero éste debe estar sujeto al juicio de la fe. Agradamos a Dios no por lo mucho que podamos lógicamente explicar o entender de algunas cosas, sino por lo mucho que le podemos creer. El ejemplo del niño dado por Jesús (Mt. 18.2-3) cuadra correctamente aquí. Hay muchas cosas que los niños no pueden entender ni explicar, pero las creen cuando sus padres o alguna otra persona en quien confían se las comenta. De la misma manera deberíamos ser nosotros en nuestra relación con Dios. La fe debe ser primordial para nuestras vidas, debe ser rectora de nuestro intelecto.

La persona que hace uso correcto del intelecto cree absolutamente y sin dudar en la existencia de un solo Dios trino, que es soberano y eterno, y cree en la inspiración y revelación total de las Escrituras. Tal persona tiene a Dios como Señor de su vida y le permite intervenir en todas sus decisiones, tanto pequeñas como grandes. Le da a Dios cabida en sus pensamientos, se deleita en él. Estudia su Palabra, medita en ella y mantiene una estrecha relación con Dios, y se goza cuando esta palabra va más allá de su comprensión, porque ve en ello, no una contradicción, sino una evidencia más de la grandeza infinita de Dios, que debido a ella, resulta, muchas veces, incomprensible.

El mero conocimiento intelectual tiene su peligro, y Jesús advierte ese peligro en la siguiente sentencia:

> Cualquiera, pues, que oye estas palabras, y las hace, le compararé a un hombre prudente, que edificó su casa sobre la roca. Descendió lluvia, y vinieron ríos, y soplaron vientos, y golpearon contra aquella casa; y no cayó, porque estaba fundada sobre la roca. Pero cualquiera que me oye estas palabras y no las hace, le compararé a un hombre insensato, que edificó su casa sobre la arena; y descendió lluvia, y vinieron ríos, y soplaron vientos, y dieron con ímpetu contra aquella casa, y cayó, y fue grande su ruina (Mt. 7.24-27).

Jesús está diciendo que no basta solamente oír su palabra, participar de las reuniones o de conferencias o asistir a un seminario, sino que hay que obedecer sus palabras. Esa obediencia o desobediencia se evidencia en los momentos de prueba, de tormentas, de lluvias. De acuerdo con la reacción se sabe si se es un hacedor o solamente un oidor de la Palabra.

Esto también podemos ejemplificarlo de la siguiente manera: si alguien en dos frascos opacos coloca en uno miel y en otro vinagre; con sólo verlos no sabe cuál contiene vinagre y cuál contiene miel. Pero si rompe ambos frascos sabe cuál es su contenido: de uno saldrá miel y del otro saldrá vinagre. De la misma manera, los cristianos genuinos y los espurios quedan manifiestos en medio de las tormentas. Cuando ambos son golpeados, humillados, quebrados, sabremos cuál es su contenido y si fueron hacedores o solamente oidores de la palabra de Jesús. El intelecto está en su lugar correcto cuando no interfiere en la obediencia a Dios, cuando razona en forma semejante al Creador.

Dice el apóstol Pablo que cuando nos convertimos adquirimos la mente de Cristo. Por lo tanto, el objetivo de todo cristiano debe ser llegar a pensar como Cristo piensa. Cuando hacemos buen uso del intelecto, comprendemos la correcta humanización de Dios y el plan salvífico que nos ha dejado por medio de Cristo, el ser humano-Dios. El verdadero uso del intelecto admite y cree en aquellos acontecimientos que la mente no puede explicar de forma lógica, siempre que su fuente sea confiable.

El lugar correcto del intelecto está cuando el mismo es guiado por el Espíritu Santo, pues no sirve como "agregado" para la salvación.

Aún seguimos sosteniendo que la salvación es mediante la sola fe en Cristo. El intelecto bajo la guía de Dios puede realizar grandes obras para su servicio y gloria. Por el contrario, el intelecto sin la guía de Dios también puede hacer grandes cosas, pero, en definitiva, dañarán al ser humano en su vano intento de autoglorificación.

Dios está buscando hombres y mujeres que piensan con la cabeza y no con el corazón. Pero busca a personas que estén dispuestas a creer en él, a obedecerlo y, consecuentemente, a someter todas sus capacidades mentales a la guía del Espíritu Santo para su servicio.

Preguntas para el estudio y la discusión

1. ¿Cuáles son las pretensiones de algunos intelectuales en cuanto a la razón?

2. ¿Cuál es la doble división que propone Chafer?

3. ¿Qué se entiende por "papel" de la razón con relación a las Escrituras?

4. ¿Cuáles son los tres pasos recomendados por el autor para un correcto crecimiento espiritual?

5. ¿Cuál es el camino que Dios utiliza para hacernos comprender el evangelio?

6. ¿Cuál es la diferencia entre la evidencia probable y la evidencia demostrativa?

7. ¿En qué sentido la evidencia probable es tan cierta como la evidencia demostrativa?

8. ¿Cómo se define a la verdadera razón?

9. ¿Cuándo se da el lugar correcto al intelecto?

10. ¿Cuál es el peligro intelectual del cual advierte Jesús en el Sermón del Monte?

Actividades de aplicación

1. Explique brevemente en qué sentido su intelecto le ha jugado a favor y en contra.

2. Explique sucintamente cómo fue que pudo comprender el evangelio.

3. Comente algunas de las cosas buenas que Dios hizo por medio de su intelecto.

18
Relaciones renovadas por la esperanza

Ya que han resucitado con Cristo, busquen las cosas de arriba, donde está Cristo sentado a la derecha de Dios. Concentren su atención en las cosas de arriba, no en las de la tierra. (Colosenses. 3.1-2, NVI)

Entonces dirá el rey a los que estén a su derecha: "Vengan ustedes, a quienes mi Padre ha bendecido; reciban su herencia, el reino preparado para ustedes desde la creación del mundo. Porque tuve hambre, y ustedes me dieron de comer; tuve sed, y me dieron de beber; fui forastero, y me dieron alojamiento; necesité ropa, y me vistieron; estuve enfermo, y me atendieron; estuve en la cárcel, y me visitaron." Y le contestarán los justos: "Señor, ¿cuándo te vimos hambriento y te alimentamos, o sediento y te dimos de beber? ¿Cuándo te vimos como forastero y te dimos alojamiento, o necesitado de ropa y te vestimos? ¿Cuándo te vimos enfermo o en la cárcel y te visitamos?" El rey les responderá: "Les aseguro que todo lo que hicieron por uno de mis hermanos, aun por el más pequeño, lo hicieron por mí." (Mateo 25.34-40, NVI)

DIOS NOS HA PUESTO EN ESTE MUNDO Y NO ESTAmos solos. Dios nos creó con la capacidad y la responsabilidad de interrelacionarnos con los demás seres humanos que nos rodean. Un hombre solo en el mundo no sobreviviría mucho tiempo. Está comprobado que la soledad puede conducir a la muerte a una persona. El hombre necesita de la compañía de sus pares, de sus congéneres. Dios, en diversas circunstancias y de diversas maneras, nos exhorta a que asumamos un compromiso profundo, real y concreto con nuestros semejantes. Ya sea con los amigos como aun con los enemigos. Ya sea de una raza o cultura como de otra. El mandamiento de Dios tiene alcance universal y ha roto todo tipo de barreras. Repetidas veces aparece en las Escrituras la frase "misericordia y justicia, eso es lo que quiero", dice Dios.

Pero, no olvidemos, nuestra ciudadanía no es de aquí, no pertenecemos a este mundo, aunque estemos en él. Si no pertenecemos a este mundo, tampoco nos atemos de tal manera con nuestras relaciones interpersonales, o a lo que el mundo nos ofrece, de tal manera que no queramos dejarlo.

Pablo decía a los colosenses, en la primera parte del versículo uno del capítulo tres, "si, pues, habéis resucitado con Cristo...". Con estas palabras Pablo está aludiendo a lo que ya había enseñado: que aquellos creyentes ya estaban muertos juntamente con Cristo, a cualquier lealtad a los espíritus elementales que los gnósticos adoraban, como también a cualquier lealtad a religiones rudimentarias, prácticas ceremoniales o sujeción a ordenanzas humanas (Col. 2.20).

Debemos notar también que los versículos 11 al 13 hablan de la muerte de Cristo como muerte al principio de pecado, sobreentendiendo que la resurrección es para una nueva vida, para la participación en la sanidad, la pureza y la victoria moral.

"Resucitado juntamente con Cristo", dice la segunda parte del versículo uno. Éste es el lado positivo del bautismo espiritual.

La muerte y la resurrección juntamente con Cristo están mejor expresadas en Romanos 6.13. Pablo expone en Colosenses la verdad contraria: por haber resucitado juntamente con Cristo, de la muerte a una vida celestial, el creyente debe enfocar todos sus pensamientos y deseos en los cielos, en la esfera en donde vive su Señor resucitado y exaltado. El propósito de su existencia sobre la tierra debe ser totalmente transformado a luz de esa nueva relación. De este modo, pues, Pablo expone en un nuevo contexto la doctrina que ocupa un lugar tan importante en sus cartas a los gálatas y a los romanos. En todo su pensamiento teológico, Pablo deja en claro que ni la vida moral del creyente ni su relación con los demás son el "medio" por el cual el ser humano gana la salvación; sino que son la consecuencia necesaria de su nueva relación con Dios a través de Cristo. Y en esa relación entró por medio de la sola fe en la gracia de Dios.

La resurrección representa una revolución moral. El hombre que antes era carnal, ahora por estar identificado con Cristo en su muerte y en su resurrección, recibe el poder del Espíritu para tornarse moral y espiritualmente transformado. Este poder ético, como ya vimos, es el poder divino que nos es conferido debido a nuestra unión mística con Cristo.

La resurrección nos habla de esa vida que nos fue dada e incorpora todos los conceptos cristianos de la vida en el Espíritu, como la conversión, la santificación, el poder de vivir según la ley del amor, la posesión de las virtudes o fruto del Espíritu y, finalmente, la glorificación. Esto está presente en el versículo cuatro de Colosenses, capítulo tres, en donde dice: "Cristo es nuestra vida".

La vida moral y espiritual nos lleva a participar de la vida celestial de Cristo, en el cual habremos de pasar de un estado de gloria a otro, compartiendo su naturaleza, su poder, sus atributos y su gloria (2 Co. 3.18). La resurrección incluye tanto la idea del ascenso juntamente con Cristo como la glorificación junto a él.

La tercera parte del versículo uno del capítulo tres de Colosenses dice: "buscad las cosas de arriba". El verbo "buscad", zëteîte, en griego, está en imperativo presente, por lo que es un mandato que hay que cumplir continuamente. El término griego da la idea de un movimiento dirigido hacia fuera, en busca de su objeto. Por cuanto participamos de su resurrección, buscamos aquellas realidades compatibles con la vida resucitada de Cristo. Él está en los cielos y todo lo que hace está embebido de las realidades celestiales. Fijemos nuestra meta en donde él se encuentra, sintamos como él siente, amemos como él ama, pensemos como él piensa, busquemos aquello que también él busca. Por ejemplo, visitar a los enfermos, darle de comer al que tiene hambre, visitar a los presos, dar de beber al sediento, proclamar con palabras el evangelio. Y seamos conscientes de que el enemigo no pretende que todos los hombres sean "ateos", el se conforma con que Dios no ocupe el primer lugar en nuestras vidas. Para ello utiliza distintos medios. Se contenta con que nosotros sustituyamos a Dios, por ejemplo, por una noble acción comunitaria, por un compromiso con el ser humano. Lo que pretende el enemigo es que seamos antropocéntricos y no cristocéntricos. Debemos comprometernos con la sociedad, pero permitiendo que Dios esté sentado reinando sobre el trono de nuestras vidas.

Cuando buscamos aquello que Cristo busca, estamos incluyendo las virtudes morales que el Espíritu Santo cultiva en nosotros (Gá. 5.22-23), las que son cultivadas más vigorosamente cuando procuramos expresar a Cristo en nuestras vidas (Fil. 4.8). Nuestra vida debe ser regida por la ley del amor, esto es, las buenas obras, el servicio que prestamos al prójimo, la bondad expresada ahora en nuestra vida. El amor es la gran prueba de la espiritualidad y se origina en el nuevo nacimiento mismo (Jn. 4.7). Si buscamos "las cosas de arriba", entonces amaremos, puesto que Dios es amor; y su naturaleza es implantada en nosotros mediante la participación en la nueva vida de Cristo.

Aquello que hemos de hacer, hagámoslo para promover los intereses eternos, de la vida cristiana futura, y no sólo para satisfacer los intereses puramente terrenales. Vivamos según la "dimensión eterna". Conduzcamos nuestra vida de manera que al realizar algo lo revistamos de valor eterno. Si hay alguien que necesita un techo para su casa, no sólo tenemos que darle el techo, sino que tenemos que enseñarle cómo construirlo. No sólo debemos darle los peces, sino que debemos enseñarle a pescar. Y junto con lo que hacemos, compartamos con ellos que el Reino de Dios se ha acercado por medio de su Hijo Jesucristo. Compartamos con ellos la esperanza "de un cielo nuevo y de una tierra nueva". Compartamos con ellos que somos personas que creemos, porque tenemos depositada nuestra fe en Dios, el dador de las cosas más hermosas que nos pasan en nuestra vida y el que también permite aquellas no tan agradables. Digámosles que somos personas que tenemos esperanza, pero que no es un optimismo ingenuo ni una crédula ilusión en un futuro paradisíaco que anestesia los dolores del presente. La esperanza que Dios pone en nuestros corazones es realista, no desconoce las angustias y el sufrimiento de hoy, pero tiene fe en el mañana.

Dios hizo de cada uno de nosotros un ser particular, con misiones particulares a cumplir (Ap. 2.17). Debemos procurar saber cuál es nuestra misión y una vez que la sepamos, dedicarnos a ella por completo.

La mente se tornará enteramente dedicada a la búsqueda espiritual. De esa manera, la vida procurará promover la espiritualidad. Debemos buscar las cosas de arriba porque somos peregrinos y forasteros en este mundo (Jn. 17.16). Los santos somos convocados para vivir como extranjeros (Gn. 12.1; Hch. 7.3; Lc. 14.26, 27, 33). Todos los santos son así (Sal. 39.12; 1 Pe. 1.1) y se confiesan como tales (1 Cr. 29.15; Sal. 39.12; 119.19; Heb. 11.13). En calidad de santos, tenemos el ejemplo de Cristo (Lc. 9.58). Somos fortalecidos como tales por Dios (Dt. 33.25; Sal. 84.6-7).

Dejamos todo por amor a Cristo (Mt. 19.27). Volvemos nuestros rostros a Dios (Jer. 50.5). Somos impulsados por la fe (Heb. 11.9) y esperamos la patria celestial (Heb. 11.16). Entonces, mi compromiso con el ser humano es parte de la "visión de arriba" y no es un pago o una cuota para obtener "las cosas de arriba".

Continuando con el estudio de Colosenses, notemos que tenemos repetidas veces el nombre de Cristo. Es lógico, pues fue él quien triunfó. Él es Señor de señores y Rey de reyes. Es a él a quien debemos agradar. Él es nuestro sumo sacerdote, es el Hijo de Dios y es el rey de los cielos y de la tierra.

En la cuarta parte del versículo uno del capítulo tres de Colosenses, aparece la palabra "sentado". Esta postura indica que su misión terrena terminó, porque su poder está completo, porque él triunfó y ahora reposa en la contemplación de su misión bien acabada. Esta postura está en perfecta concordancia con el "consumado es", expresión que Jesús proclama desde la cruz justo antes de entregar su espíritu (Jn. 19.30).

"A la diestra de Dios". Aquí tenemos una metáfora posiblemente basada sobre las cortes reales. El que ocupaba este lugar era la persona más honrada por el rey, el primer príncipe que recibía autoridad por delegación. Quizá no se refiera tanto a que Dios está sentado en un trono y Cristo en una silla a su derecha. La posición de Cristo es la de poder y autoridad. Es una manera poética de decir, que Pablo ya había utilizado claramente en Colosenses 1.15-19, esto es, Cristo superior a todos, en poder y autoridad, por ser el creador de todo y el sustentador de la misma existencia. Esa misma autoridad y ese mismo poder es el que Cristo ha delegado a sus discípulos, a su iglesia. Pero si dedicamos de diez a dieciséis horas diarias a nuestro trabajo, estudio, familia y compromisos con los demás, unas ocho horas al descanso y solamente unos cinco minutos para pensar en Dios, meditar en su Palabra y dialogar con él, es perfectamente común que este mundo y todo lo que nos rodea nos parezca quinientas veces más

Relaciones renovadas por la esperanza | 239

real que Dios en nuestra alma. Por lo cual, debemos ser conscientes de que corremos este peligro en la época que nos toca vivir, llena de apuros y compromisos.

Si la atmósfera del mundo está marcada por un rechazo a Dios, nosotros tenemos la responsabilidad de permitir que Dios se acerque a nosotros y nosotros de acercarnos a él, para, de esta manera, ser revestidos e investidos de su poder y de su visión de "arriba". Así lograremos proclamar las buenas nuevas y llevar la esperanza que el mundo está necesitando y que está buscando desesperadamente por caminos equivocados. Nosotros la tenemos, pero ¿qué hacemos con ella?

Aunque la realidad de que estamos viviendo en una sociedad más atea de lo que pensamos sea dolorosa, el desafío sigue siendo el mismo, o aún mayor. Lo que sucede es que no nos atrevemos a hablar, porque no sabemos qué decir, porque siquiera ni nosotros conocemos bien a Dios y su propósito.

Estamos llamados a romper con el secularismo y el existencialismo. Estamos convocados a salir de las cuatro paredes e insertarnos en la sociedad. Debemos ser sal y luz en las fábricas, en los colegios, en los clubes deportivos, en las iglesias institucionalizadas, en las organizaciones recalcitradas por la tradición, en cualquier lugar en donde estemos. Estamos llamados a llevar a Dios, con todo lo que esto implica, a toda persona, no importa su clase social o cultural. No existe el Dios de los pobres o el Dios de los ricos, yo no lo conozco. Lo que sí conozco es al Dios que creó los cielos y la tierra, lo visible y lo invisible. Es el Dios que envió a su único Hijo al mundo para que muriera por cada ser humano, sin importarle la raza o el color, su pobreza o su riqueza. Conozco al Dios que envió a su Hijo por el oprimido y por el opresor, por el libre y por el esclavo, por el necesitado y por el que está en abundancia. Es tiempo ya que dejemos de encasillar a Dios, de catalogarlo como el Dios de los pobres o el Dios de los ricos. Reconozcámosle y aceptémosle como el Dios de todos los seres humanos, y veremos entonces cuán diferentes serán las cosas.

El compromiso que asumo frente a los demás seres humanos no tiene como fin recibir una retribución por parte de Dios. Cuando Jesús dijo: "Vengan ustedes, a quienes mi Padre ha bendecido; reciban su herencia, el reino preparado para ustedes desde la creación del mundo. Porque tuve hambre, y ustedes me dieron de comer..." (Mt. 25.24ss., NVI), él no estaba diciendo que la heredad eterna se obtenía mediante esas obras, sino que afirmaba que aquel que recibió el regalo de la vida eterna inevitablemente lo manifestaría de esa manera.

Dios al hacerse ser humano por medio de Jesucristo se identificó con la humanidad, se solidarizó con ella y asumió un compromiso frente a ella. Si yo digo ser un discípulo de Cristo, debo, por lo tanto, tener la misma actitud frente a los demás. En otras palabras, el lugar correcto de mi relación horizontal, de mi compromiso con los demás, está muy vinculado con el propósito para el cual he sido llamado, para el que necesito tomar el ejemplo de Jesús.

Jesús, como ya dijimos, nunca se solidarizó tanto con los seres humanos al punto de olvidarse de su Padre. Nosotros, frente a la responsabilidad de asumir un compromiso con los demás seres humanos, no debemos perder de vista a Jesús. Él debe ser siempre y en todo lugar el centro de nuestra vida. Para que ello sea una realidad, necesitamos dedicarle tiempo, dialogar con él, estudiar su Palabra, meditar en ella, y disciplinas semejantes. No debemos permitir que nuestro compromiso horizontal nos perjudique en esto, porque si así sucediera, fracasaremos en lo primordial y perderemos el verdadero objetivo. No caigamos en el error de estar tan ocupados en las cosas del Señor que nos olvidemos del Señor de las cosas. Ni permitamos que las cosas buenas de este mundo nos impidan "buscar las cosas de arriba". No tergiversemos el orden de los dos grandes mandamientos. El primero siempre debe ser "amar a Dios con toda nuestra fuerza, con todo nuestro corazón, con toda nuestra mente y con toda nuestra alma". "Amar

Relaciones renovadas por la esperanza | 241

a nuestro prójimo como a nosotros mismos" siempre debe estar en segundo lugar. Si recordamos cuando Jesús llamó a los doce, en primer término lo hizo para que estuvieran con él y luego para enviarlos a predicar (Mr. 3.14). Debemos tener mucho cuidado en no invertir el orden en nombre del "ministerio".

El fin o el propósito de nuestra relación horizontal es compartir con los demás lo que Cristo compartió con los hombres y las mujeres de su tiempo, sin perder de vista su misión que era "salvar al mundo". Al que necesita pan, agua, tiempo, dinero, como ya dijimos, si está a nuestro alcance, debemos ayudarlo. Y al que necesite a Dios, la esperanza, la paz, el gozo, la tranquilidad, el poder para enfrentar los problemas, también debemos comunicarle que Cristo puede ayudarlo. Ninguna de estas dos misiones están desligadas, ambas forman parte de la gran misión, que es anunciar las buenas nuevas del reino de Dios, ambas componen el reino de Dios que se ha acercado a los seres humanos (2 Co. 5.20).

Dice Colosenses 3.2: "concentren su atención en las cosas de arriba, no en las de la tierra". Concentren su atención, phroneîte, está en imperativo presente, lo que indica continuidad. Significa también pensar. Profundizando la idea, el término designa la atención que todos los impulsos espirituales ponen en esa meta. El verbo está puesto enfáticamente, dando la idea de "fijar la mente sobre". Pablo exhorta aquí a los creyentes a que dediquen a Cristo todas las facultades intelectuales y contemplativas del alma, la misma esencia del ser humano.

Dios espera de nosotros una intensa concentración en lo bueno, en lo bello, en lo que es celestial. Y esto es imposible si el alma, todo el ser del ser humano, no está consagrado a Dios, si no está bajo la guía y el dominio del Espíritu Santo, el cual puede comenzar y determinar la naturaleza del proceso de raciocinio. Esto mismo exige que se lo cultive, pues no es algo automático. Aquel que llena su mente con cosas mundanas, es aquel que también se preocupa exclusivamente de las cosas terrenas, de su relación simplemente horizontal. Estando en esta situación, difícilmente será capaz de fijar su mente sobre las realidades de lo alto, sobre las cosas espirituales benéficas. Estamos llamados a ser como las águilas, quienes en tiempos de tormenta se elevan por encima de ella. Fuimos convocados a poner la mirada en el cielo, desde donde viene nuestro socorro.

Notemos nuevamente cómo en Romanos 12.1-2 la suprema dedicación requerida para los hombres se verifica mediante la "renovación de nuestra mente". De hecho, la dedicación a Cristo es imposible para la mente carnal. De la mente espiritual se originan todas las cuestiones de la vida eterna, pero de la mente carnal, sólo puede salir corrupción.

Es interesante ver que las palabras "buscad" del versículo uno y "pensad" del versículo dos, están en imperativo presente. Pareciera que Pablo estuviese diciendo: "Vuestro hábito sea esa búsqueda y esa fijación de vuestra mente en vuestro bienestar espiritual".

Dios no nos llamó al claustro, sino a que asumamos un compromiso con los demás seres humanos. Y cuando haya una correcta relación horizontal, la prueba estarían en que no estaremos luchando individualmente, sino cooperando con Dios, es decir, haciendo las buenas obras que Dios preparó de antemano para que anduviésemos en ellas. No lucharemos con fines egoístas, sino por el bienestar de todos. No competiremos, sino que nos uniremos, porque el Espíritu de Cristo nos une en un solo cuerpo.

La verdadera relación horizontal no tiene como fin obtener o colaborar con nuestra salvación, sino que es consecuencia de lo que Cristo ya hizo en nuestras vidas. Es el resultado de una buena relación vertical, en donde también se tiene la base. La persona que tiene una buena relación con Dios, por ende, tendrá una buena relación con los demás y aunque sepa que lo mejor y lo bueno (la salvación) tuvieron un precio sumamente caro (la muerte del Hijo de Dios), acepta la salvación como un regalo que

Dios extiende al ser humano. La vida terna es un obsequio, pero no fue gratis, ya que costó la vida del Hijo de Dios. La verdadera relación horizontal no se maneja con promociones o principios seculares, sino con la ley del amor, con los principios divinos. El materialismo no pertenece a la escala del creyente, ya que su ciudadanía no está aquí. ¿Para qué acumular bienes si estoy de paso por este mundo? El pueblo de Dios debe adueñarse de esta mentalidad superior, por cuanto la mente carnal sólo se concentra en lo que perece. Alguien dijo que "ninguno anhela la vida eterna, incorruptible e inmortal, a menos que esté cansado de su vida temporal, corruptible y mortal".[1] Debemos estar tanto o más empeñados por las cosas eternas y celestiales, como antes estábamos por las cosas que eran terrenales y perecederas.

Nosotros creemos profundamente en el hecho de la conversión, cuando fijamos nuestros rostros en una nueva verdad. Una conversión que no produce evidencias de que estamos sirviendo a Dios por medio del servicio a los demás seres humanos no es real.

Como peregrinos, debemos caminar, insistir, dar un paso más, aun cuando nuestra peregrinación sea ardua. En esos momentos recordemos y elevemos nuestras mentes a la recompensa final. Alguien dijo de Juan Bunyan "su religión era tierna y humana, pero también estaba bien armada. No tenía amor por los cómodos del Señor".[2] Este hombre tenía en mente "buscar y poner la mira en las cosas de arriba" y en lo dicho por Jesús: "Vengan ustedes, a quienes mi Padre ha bendecido; reciban su herencia, el reino preparado para ustedes desde la creación del mundo. Porque tuve hambre, y ustedes me dieron de comer; tuve sed, y me dieron de beber..." (Mt. 25.24ss., NVI).

[1] Russell Norman Champlin, O novo Testamento interpretado, Vol. 5, San Pablo, Milenium Distribuidora Cultural Ltda., 1982, p. 134.
[2] Ibíd., p. 134.

Nuestra religión debe ser tierna y humana, necesitamos y debemos relacionarnos con los demás, pero esa relación será correcta, siempre y cuando nuestra relación con Dios sea estrecha, íntima, profunda y genuina. Siempre y cuando conozcamos bien a Dios y lo que él quiere de y para nosotros, los humanos.

La tarea es nuestra, a veces se hace difícil, pero recordemos que el poder de Cristo, Cristo mismo, está con nosotros en todo momento. Tengamos en mente lo que Jesús hizo por nosotros y también la recompensa que obtendremos. Quizá vivamos momentos en los cuales tengamos que decir: "Sentimos que nada somos, pero todo es tuyo en ti; sentimos que algo somos, eso también viene de ti; sabemos que nada somos, mas tú nos ayudas a ser algo. Bendito sea tu nombre: Aleluya".

Preguntas para el estudio y la discusión

1. ¿Qué quiere decir "resucitado juntamente con Cristo"?

2. ¿Adónde nos lleva la vida moral y espiritual?

3. ¿Qué quiere decir Pablo con "buscad las cosas de arriba"?

4. ¿Cómo podemos cultivar las virtudes de Cristo en nosotros?

5. ¿Qué significa vivir según la "dimensión eterna"?

6. ¿Qué significa que Jesús "está sentado"?

7. ¿Qué significa que Jesús esté "sentado a la diestra de Dios"?

8. ¿Cuál es el objetivo de mi compromiso con el prójimo?

9. ¿Cuál es la verdadera relación horizontal?

10. ¿Cómo debería ser nuestra religión?

Actividades de aplicación

1. ¿Cómo mediría su compromiso con su prójimo?

2. ¿Qué es lo que lo motiva a comprometerse con su prójimo?

3. ¿Cómo definiría su experiencia religiosa?

Me hallaste así

Me hallaste así –
En la maraña de mis locos sentimientos,
en esa lucha fútil de mis intentos
por serte leal.

Me hallaste así –
De ti escondiéndome y aun de mí,
fingiéndome feliz.

Me hallaste así –
En la inquietud amarga de mi ser,
en incesante debatir de mi razón,
en rebelión.

Tratando en vano de alejarme
y deshacer,
con fría indiferencia,
aquel llamado de tu voz. *

---

* Elsie R. de Powell, César Abreu-Volmar y otros, *Poesía y vida*, Buenos Aires, Certeza, 1979.

Conclusión

MUCHO TIEMPO HA TRANSCURRIDO DESDE QUE comencé este trabajo, muchas horas han sido invertidas. Horas que han producido cansancio, nerviosismos, preocupaciones, sacrificios personales, tiempo restado a la familia, búsqueda de Dios, diálogo con otras personas, pero que finalmente produjeron las páginas que preceden a esta conclusión, las cuales anhelo profundamente que hayan servido de inspiración para su vida.

Las horas y el cansancio invertido no fueron en vano. Más allá de investigar, postular y debatir, con el fin de alcanzar la meta propuesta al principio, queda la satisfacción de que Dios en diversas circunstancias y en diversos momentos de la elaboración de este material me ha hablado personalmente y pude analizarme y descubrir desde otros puntos de vista que mi situación, y la de otros que han creído en Jesús, es privilegiada. Pude comprender más profundamente cuán necesario era que Jesús muriera por todos los seres humanos, especialmente por mí.

Hubo momentos en los cuales tuve que detenerme y pensar en mi situación y agradecerle a Dios por lo que él hizo por mí. También hubo otros en los cuales pensaba en los demás, en usted que está a punto de terminar esta lectura, en aquellos que andan sin Dios y sin esperanzas, y también en aquellos que están en las iglesias, pero esclavizados por tradiciones y cuestiones ritualistas. Algunos fueron momentos de dolor, de angustia, momentos en que no pude contener las lágrimas, y mi alma, desde lo más profundo, quería gritar todas aquellas cosas que no me atreví a escribirlas en el papel. Por momentos sentí dolor, impotencia y, por qué no decirlo, rabia por todas aquellas cosas en las cuales nos equivocamos como cristianos y como iglesia de Cristo. Pertenecemos a la única iglesia verdadera, pero actuamos como si estuviéramos confundidos y no valorizamos esta gran verdad, que es Jesucristo.

Es tiempo de que la fe cristiana y la fe de los cristianos sea la misma. Cristo hizo posible que así sea. Cristo hace posible que ubiquemos en su lugar correcto aquellos elementos que, en un principio, presentamos como posibles sustitutos o "agregados". Cristo hace posible que nuestra relación con los demás seres humanos sea una relación comprometida, responsable, pero sin que perdamos de vista que Dios debe estar ocupando el primer lugar en nuestras vidas.

Cristo hizo posible a través de su sacrificio y de su ejemplo que nosotros podamos vivir una vida consecuente con nuestra fe. Vida en la cual nuestras buenas obras hablan de un genuino encuentro personal con él. Hizo posible que podamos aceptar el desafío de creer plenamente en él. Hizo posible que nosotros descansemos de las obras meritorias. Cristo nos liberó del temor a la muerte (Heb. 2.15), el cual nos esclavizaba, y nos dio la esperanza de un futuro mejor. Cristo hizo posible estas y muchas cosas más. A él sea la gloria por siempre jamás.

Quizá muchas personas se encuentren en situaciones de desesperanza y desaliento, intentando creer que hay algo mejor, pero que, en definitiva, se les hace difícil. Quizá usted mismo, amigo lector, se encuentre en una situación como la que describe tan gráficamente Horacio Larrañaga en su libro *Muéstrame tu rostro* cuando habla del duelo entre el desaliento y la esperanza. Lo expresa así:

Habla el desaliento:
Soy un hombre encorvado por el peso de la desilusión y la experiencia de la vida. He vivido cincuenta años, sesenta años. Soy un viejo lobo marino. Nada me ilusiona, nada me entristece, todo me resbala; estoy curtido de la vida e inmunizado.
Fui joven. Soñé; porque sólo sueñan los que aún no han vivido. Mis árboles, en aquel entonces, florecían de ilusiones. Cada tarde, sin embargo, había un golpe de viento y volaban las ilusiones. Me levanté y caí. Volví a levantarme y volví a caer. Sobre el horizonte de mi vista clavé las banderas de combate: Obediencia, Humildad, Paciencia, Pureza, Contemplación, Amor...
Vi que los sueños y las realidades estaban tan distantes como el Oriente del Occidente. Me dijeron: "Aún puedes", y de nuevo me embarqué en la nave dorada de la ilusión. Los naufragios se sucedieron. De nuevo me gritaron: "Aún es tiempo" y, aunque encorvado por el peso de tanta derrota, me empiné de nuevo sobre el pináculo de la ilusión. La caída fue peor.
Hoy soy un hombre decepcionado.
Yo nací para ser hombre de Dios. Me equivoqué de ruta. Pero no es posible regresar a la infancia feliz o al seno materno, para comenzar de nuevo.
Miro atrás y todo es ruinas. Miro a mis pies y todo es desastre. No sé si soy culpable de eso o no, ni siquiera tengo interés en saberlo. No sé si luché con todas las armas o si puse toda la carne en el asador. ¿Importa algo? Nadie vuelve atrás.

Lo que sí se con certeza es una cosa: no hay esperanza para mí. Lo que fui hasta hoy y lo que soy ahora, lo seré hasta el final. Mi sepultura se levantará sobre las ruinas de mi propio castillo. [1]

Quizá usted, amigo lector, se encuentre en una situación así, de desaliento, frustrado y sin esperanzas. Déjeme decirle que todavía puede volver a empezar, no importan los años que tenga, no importa las desilusiones que haya vivido, aún es tiempo para volver a comenzar otra vez. Permita que Larrañaga llegue hasta su vida con estas palabras de esperanza:

Habla la esperanza:
Sobre la espuma de la ilusión habías levantado tu casa. Pero eso se desmoronó una y mil veces, al vaivén de las olas. La arena de las playas fue el fundamento de tus edificaciones, y era inevitable la ruina.

Tus reglas de juego fueron el cálculo de probabilidades y las constantes psicológicas, y los resultados están a la vista. Pero tengo una palabra final para decirte en este amanecer: todavía puedes; aún es posible la esperanza; mañana será mejor.

Comencemos otra vez.

Si hasta ahora hubo ruinas, desde ahora habrá castillos de luz apuntando con su proa hacia vértices eternos. Si hasta ahora has cosechado desastres, recuerda: se avecinan centellantes primaveras.

Detrás de la noche oscura cerrada, hay altas montañas, y detrás de las montañas nocturnas viene galopando la aurora. Sólo es bonito creer en la luz cuando es noche.

Detrás del silencio respira el Padre. La soledad está habitada por la presencia, y allá arriba nos esperan el descanso y la liberación.

Ven. Comencemos otra vez.

Yo nací una tarde oscura, sobre un cerro pelado, regada con sangre, cuando todos a coro repetían: todo está perdido; no hay

---

[1] Horacio Larrañaga, Muéstrame tu rostro, Salamanca, Sígueme, pp. 419-420.

nada que hacer; murió el soñador: se acabaron los sueños. Nací del seno de la muerte. Por eso la muerte no puede destruirme. Soy inmortal porque soy hija primogénita del Dios inmortal. Aunque miles de veces me digas que todo está perdido, miles de veces te responderé que todavía estamos a tiempo.

Si hasta ahora los éxitos y fracasos fueron alternándose en tu vida como los días y las noches, desde ahora, cada mañana Jesús resucitará en ti, y florecerá como primavera sobre las hojas muertas de tu otoño. Él vencerá, en ti, el egoísmo y la muerte. Sí, el Hermano te tomará de la mano y te conducirá por los cerros transformantes de la contemplación. Volverán a ondear tus antiguas banderas: Fortaleza, Amor, Paciencia...

La pureza levantará su desnuda cabeza de plata en tus patios de naranjos, y bajo todas las flores de tu jardín florecerá, invisible, la Humildad.

Resplandecerás con el fulgor de los antiguos profetas en medio del pueblo innumerable. Y, al verte, todos dirán: Es un prodigio de nuestro Dios.

Ven. Comencemos otra vez.

Los pobres ocuparán el rincón más privilegiado de tu huerto. ¿Quiénes son esos que, como un enjambre, acuden presurosamente a ti? Son todos los olvidados del mundo, los que no tienen voz, ni esperanza ni amor. Vienen a beber de tus primaveras encendidas por el Resucitado.

Mira: esas estrellas, azules o rojas, parpadean desde la eternidad. Sé como ellas: no te canses de brillar. Siembra por los campos secos y por las agrias cumbres la misericordia, la esperanza y la paz. No te canses de sembrar, aunque tus ojos nunca vean las espigas doradas. Los pobres un día las verán.

Camina. El Señor Dios será luz para tus ojos, aliento para los pulmones, aceite para las heridas, meta para tu camino, premio por tu esfuerzo.

Ven. Comencemos otra vez. [2]

---

[2] Ibíd., pp. 420-421

Hay esperanzas, y de esto trata este libro. Miles están esclavizados, acostumbrados al fracaso y a la derrota. Pero en Cristo hay esperanzas para vivir una vida plena y en libertad, porque él así lo quiso. Tras el corto itinerario a través de algunos "agregados", nos hemos confrontado con la realidad existente de los problemas que nos aquejan. Hemos buscado y encontrado el fundamento de nuestra confianza radical y de la respuesta de la confianza en Dios. Hemos establecido finalmente un equilibrio, un lugar correcto a los supuestos problemas. Hemos abordado la pregunta ¿autosalvación y colaboración con Dios para nuestra salvación dentro de la iglesia evangélica?, y hemos dado una respuesta.

También hemos estudiado algo de lo mucho que Cristo hizo a nuestro favor: tras todo esto se comprenderá por qué Jesucristo sigue siendo el único y suficiente camino para nuestra salvación.

Pese a todas las conmociones, dudas y "agregados" que aún podamos tener, el Jesús de los primeros cristianos se hace presente para nosotros hoy. Está vivo y es real, y nos ofrece a nosotros también una salvación gratuita. Nos invita a que lo busquemos, a que lo conozcamos y lo vivamos, para luego transmitirlo al mundo que nos rodea. El mismo Jesús de los primeros cristianos nos desafía también a que desatemos las pesadas cargas que algunos de nuestros hermanos están llevando, porque les cuesta creer plenamente que Jesús ya pagó el infinito porcentaje de nuestra salvación.

En medio de una sociedad que aceleradamente se está convirtiendo en "atea" o "sincretista", que trata de atraparnos como lobos feroces, que trata de destruirnos, de destronar a Dios y humillarnos; en medio de esta sociedad que trata de complicarnos la vida ofreciéndonos múltiples salidas a nuestros problemas; en medio de esta sociedad materialista e individualista que no duda un segundo en destruir a los demás, en aplastarlos; en medio de esta sociedad que esconde sus garras detrás de un falso solidarismo babilónico; en medio de una sociedad semejante a una cueva de serpientes ponzoñosas, nuestras fuerzas y palabras no alcanzan para escaparnos de ella, y nuestra voz, como un grito en cuello, se alza a los cielos, uniéndose a la del salmista David diciendo:

En ti, oh Jehová, he confiado;
no sea yo jamás confundido;
líbrame en tu justicia.
inclina a mí tu oído,
líbrame pronto;
sé tú mi roca fuerte,
y fortaleza para salvarme.
Porque tu eres mi roca y mi castillo;
por tu nombre me guiarás
y me encaminarás.
Sácame de la red
que han escondido para mí,
pues tu eres mi refugio.
En tu mano encomiendo mi espíritu;
tu me has redimido, oh Jehová,
DIOS DE VERDAD. (Salmo 31.1-5)

Apéndice A
Las buenas obras como muestra de nuestra fe

Sin embargo, alguien dirá: 'Tú tienes fe, y yo tengo obras.
(Santiago 2.18, NVI).

ÉSTE ES UN PASAJE MUY CONOCIDO, PERO QUE MUchas veces ha sido interpretado erróneamente. Lutero, en cierta manera, no ha querido aceptar el libro de Santiago dentro del canon bíblico, porque, para él, como para muchos otros, Santiago está queriendo decir que la salvación es mediante la fe y las obras.

Este versículo presenta dos desafíos. El primero, la fe sin obras, es imposible, es un absurdo. Es imposible que alguien demuestre la verdadera fe sin las obras. Tal fe sólo puede existir hipotéticamente. Si existiese, siendo genuina en sí misma, pero dejara de lado las obras, estaría muerta. Suponiendo que tal fe de una u otra manera existiese, no podría "demostrar convincentemente" su existencia, independientemente de las obras. Por lo tanto, la conclusión es que sin importar si se trata de una fe real, pero improductiva, o de una fe falsa (piedad que consiste en meras obras), ni una ni otra son vitales, no pudiendo salvar ni justificar. Ninguna de las dos formas de fe puede dar demostración convincente de piedad, ninguna de las dos es verdaderamente fe, según la opinión del Señor.

Por otro lado, tenemos otro caso que es perfectamente convincente, el del individuo que posee verdaderamente piedad. Se trata de cuando las obras son reales y vitales, demostrando que la fe también posee tal naturaleza. El argumento del autor sagrado es convincente. Equivale a lo que Jesús en cierta oportunidad dijo: "Así que por sus frutos los conocerán" (Mt. 7.20, NVI).

"Alguien dirá", continúa Santiago. Esta expresión es un artificio retórico común, para introducir una objeción hecha por un oponente a fin de refutarla. Los moralistas griegos usaban tal expresión con frecuencia. Lo que el oponente (o abogado de una creencia fácil) intentaba hacer con sus palabras (esto es, demostrar su fe) era manchado con su vida diaria. Podía ser fácilmente refutado. Ésta es la intención de Santiago, refutar a su oponente. Santiago afirma que no puede existir una cosa separada de la otra. Una fe viva presupone obras vivas. La fe sin obras está muerta (y no es tal en realidad), no pudiendo justificar que hipotéticamente es genuina. Pareciera que Santiago estuviera diciendo, dentro de su argumento: "Creo que Cristo murió por mis pecados, yo lo recibí como mi Señor y Salvador. Ahora el Espíritu Santo está operando en mi interior para que esa fe pueda ser demostrada o manifiesta exteriormente, mediante mi amor y mi respeto hacia él y hacia los demás". Jesús dijo: "Si ustedes me aman, obedecerán mis mandamientos" (Jn. 14.15, NVI).

Una fe genuina inevitablemente produce obras consecuentes. Esto no significa que la salvación se obtiene por obras y por fe. La fe genuina precede a las buenas obras. Visto de esta manera, no hay ningún tipo de contradicción en Santiago. Una verdadera conversión trae como consecuencia la realización de las "buenas obras, las cuales Dios dispuso de antemano a fin de que las pongamos en práctica" (Ef. 2.10, NVI). Un no creyente no puede realizar obras buenas, pues sus obras son consideradas por Dios como trapos de inmundicia, porque son obras de un muerto. Lamentablemente, hoy en día escuchamos una parte del mensaje del evangelio, que es, el regalo de Dios, la vida eterna. Esto no deja de ser verdad; pero muy poco escuchamos de las demandas de Dios o de las consecuencias que ese regalo producirá en nosotros. Dios nos regala la vida eterna para que le sirvamos con ella. Como dice Pablo a los romanos, "si obedecemos al pecado, somos siervos del pecado para muerte; si obedecemos a la justicia somos siervos de Dios" (Ro. 6.16, RV 60). Y en el versículo veintidós del mismo capítulo dice: "Pero ahora que han sido liberados del pecado y se han puesto al servicio de Dios, cosechan la santidad que conduce a la vida eterna". Muchas veces nuestros mensajes evangelísticos transmiten la primera parte "somos librados del pecado", y no hacemos el debido énfasis en el servicio a Dios, como consecuencia de esa libertad, "habiendo sido liberados del pecado, ahora son ustedes esclavos de la justicia" (v. 18, NVI). Un siervo no se queda con los brazos cruzados, el verdadero siervo es aquel que sirve a su amo, en este caso Dios. Es muy posible que si transmitiéramos correctamente el mensaje, no tendríamos que estar pidiendo por favor a los miembros de nuestras congregaciones para que hagan algo.

Este tema se complica cuando la fe no es genuina. Y no es auténtica cuando solamente admitimos algo. Es genuina cuando creemos y nos comprometemos con lo que es objeto de nuestra fe, es decir, Jesucristo. Quisiera señalar brevemente la diferencia entre admitir y creer.

Admitir

Significa aceptar la existencia de una hipótesis o de una

realidad, de algo o de alguien. Por ejemplo, yo admito, acepto o reconozco la existencia de Napoleón, pero eso no implica que él influya en mi vida. Hay miles de personas que aceptan o admiten la exis-tencia de Dios, pero eso no significa que crean en él y que permitan que sus emociones, pensamientos y voluntad se involucren, ni tampoco que Dios intervenga en sus vidas y menos aún que ocupe el primer lugar. Por ejemplo, admitir que una silla es de color marrón, hecha de madera dura, que es fuerte y capaz de sostenerme, no significa que yo me siente sobre ella. Aun puedo admitir que sea más fuerte que en la que estoy sentado, pero mientras no me siente sobre ella, de nada me sirven las teorías. Ésta es la fe del demonio, él admite la existencia de Dios, pero tiembla y no es salvo (Stg. 2.19).

Creer

Creer es igual a compromiso. Esto está muy relacionado con la fe y a la vez con la obediencia. La palabra griega pístis es usada para ambos casos, "creer" y "fe", como también para "fidelidad". La fe es la aprobación que le damos a alguna verdad, o a la confianza que depositamos en otra persona. La fe salvífica es la total confianza del ser humano en Cristo como suficiente Salvador y es el compromiso que asumo con él. En la teología bíblica, ésta es una de las palabras más importantes que hay. Es el tema predilecto de los autores del Nuevo Testamento, especialmente de Juan y de Pablo. Pero también encontramos antecedentes en el Antiguo Testamento. La única fe verdadera está siempre, aunque de distintas maneras, vinculada con Cristo (Hch. 4.13; 1 Co. 3.11).

Tomando el ejemplo anterior de la silla, el compromiso es igual a un cambio (sustitución) real de sillas. Yo me levanto de la mía y me siento en la que estaba observando, es decir, descanso en Jesucristo.

El supuesto conflicto entre Pablo y Santiago con referencia a la fe versus las buenas obras es un concepto, como ya fue dicho, equivocado. Pablo no rechaza las buenas obras ni Santiago rechaza la "fe paulina". Ambos hablan de la fe de Abraham (Gá. 3.6-13; Stg. 2.21-24; compárese Stg. 2.14ss. con Tit. 1.16; 2 Co. 9.8; Ef. 2.8-10). La fe encierra toda la vida nueva de los verdaderos creyentes (Ro. 3.27; 11.20; Col. 1.23). Significa también la virtud específica de mantener contacto con Dios (1 Co. 13.13; 2 Ti. 1.13). Es la fe acerca de Jesús (Ro. 3.22; Ef. 3.12). Es la fe en Cristo (Gá. 3.26; Col. 1.4). Se usa con la preposición griega eís con sentido de compenetración (Jn. 14.12; Ef. 1.15). La fe se basa sobre Jesús (Lc. 24.25; Hch. 9.42) y se relaciona directamente con la persona de Cristo (Jn, 14.3; 2 Ti. 1.12). En los sinópticos la fe se dirige generalmente hacia la persona de Jesucristo, allí presente en la carne, y particularmente se refiere a la fe para salud (Mt. 9.22). Al pasar la iglesia a la edad apostólica, la fe significó cada vez más el cuerpo oficial de la doctrina.[1] Entre estos extremos hallamos la enseñanza apostólica, que podemos apreciar en los siguientes temas:

- La fe se basa sobre un hecho histórico (Hch 17.13).
- Es más que el acto de creer (los demonios también creen, pero tiemblan, Stg. 2.19). La verdadera fe, el verdadero creer, establece una relación personal con Jesucristo (2 Ti. 1.12). Creer correctamente es saber en quién hemos creído y depositar nuestra vida entera y toda nuestra confianza en esa persona. Es asumir un compromiso con ella.
- La fe es la puerta por donde todos debemos pasar, si queremos alcanzar la salvación. Es una entrega personal a Cristo en respuesta al sacrificio que realizó en la cruz del Calvario (Jn. 3.16; Mr. 9.42; Hch. 16.30).
- Más que una decisión momentánea, la fe es un clima espi-

---

[1] Wilton M. Nelson, Diccionario ilustrado de la Biblia, Miami, Caribe, 1974, p. 227.

ritual, un nuevo espacio, un nuevo modo de vivir (2 Co. 7.7; Ro. 11.20). Alguien dijo cierta vez que la fe es una actitud mental en donde yo deliberadamente hago un espacio para que Dios me sorprenda. El verbo creer, en el idioma griego, está en tiempo presente, esto significa que debemos hacerlo continuamente. Yo no creo hoy para dejar de creer mañana, sino que debo estar creyendo en todo momento, lugar y circunstancia.
- La fe es indispensable para la justificación. Jesús en la cruz pagó por los pecados de todos los seres humanos, pero seguiremos condenados, esclavos del pecado y libres de la justicia (Ro. 6.20) a menos que creamos en Cristo y depositemos toda nuestra confianza y vida en él (Jn. 1.12). Somos justificados por la sola fe en Cristo (Ro. 1.17; 5.1ss.; Gá. 2.16).
- La fe siempre está vinculada con la gracia. La capacidad de responder al mensaje de la cruz no tiene requisito de santidad, conocimiento, buenas obras, religiosidad, etcétera. No son los poderosos, ni los buenos ni los sabios los que se salvan (Mt. 11.25; 1 Co. 1.18-31; 2.14). Puesto que, como vimos, el espíritu del ser humano incrédulo está muerto, no puede responder si no es por la gracia de Dios (Ro. 4.16; Ef. 2;8). El cielo no es ni para buenos ni para malos, sino para aquellos que depositaron su fe en Jesucristo. Del mismo modo, el infierno no es ni para malos ni para buenos, sino para aquellos que rechazaron al Hijo de Dios (Jn. 3.17-18).
- Cristo es el autor y consumador de la fe (Heb. 12.12) y obra fe en nosotros por medio del Espíritu Santo, quien vivifica a la persona que es justificada, la regenera. Tal persona no anda conforme a la carne, sino conforme al Espíritu, en una nueva vida (Jn. 6.63; Ro. 7.6).
- La fe siempre está vinculada con las obras (Stg. 2.18), a la

obediencia a Dios (Ro. 6.16), al servicio a Dios (Ro. 6.22) y a la fidelidad (Ro. 1.17). La verdadera fe no es pasiva, sino activa, dinámica. Somos libertados de las garras del enemigo para hacernos libres esclavos de Dios. Es imposible disociar la verdadera fe en Dios sin estos elementos expuestos. La verdadera fe nos es dada para vivirla. Como resumen, podemos decir que la fe nace de Dios, se desarrolla y termina en Dios.

La fe es más que una teoría, es algo concreto y alcanzable por los seres humanos. "Así que la fe viene como resultado de oír el mensaje, y el mensaje que se oye es la palabra de Cristo" (Ro. 10.17). La verdadera fe incluye nuestras emociones, nuestras capacidades intelectuales y nuestra voluntad. La verdadera fe fortalece al creyente para vivir una vida agradable a Dios, consecuente con lo que cree, comprometido con su prójimo, consigo mismo, pero, especial y primordialmente, con Dios. La verdadera fe dice sí al cumplimiento de los mandatos divinos y no los toma como una pesada carga. La verdadera fe permite a Cristo vivir su vida dentro y a través de nuestra persona.

Entendiendo el verdadero significado de lo que es creer, entonces podemos, junto a Juan repetir: "El que cree tiene vida eterna" (Jn. 6.47, NVI).

Apéndice B
Conocer personalmente a Jesús

LA SALVACIÓN, COMO HEMOS ESTADO DICIENDO a lo largo de todo el libro, no depende de nuestros sentimientos, sino de Dios y su Palabra. Si usted aún no ha conocido personalmente a Jesús o quiere contar con un modelo de presentación del evangelio, a continuación le damos una breve explicación.

Paso 1
El propósito de Dios: Paz y vida [1]

Dios lo ama y desea que usted tenga paz y vida eterna. La Biblia dice: "...tenemos paz con Dios por medio de nuestro Señor Jesucristo" (Ro. 5.1, NVI). "Porque tanto amó Dios al mundo, que dio a su Hijo unigénito, para que todo el que cree en él no se pierda, sino que tenga vida eterna" (Jn. 3.16, NVI).

---

[1] Ideas tomadas de Billy Graham, Manual de Billy Graham para obreros cristianos, EUA, Word Wide Publications, 1984, p. 11.

Siendo que el propósito de Dios era que tengamos paz y una vida plena, aquí y ahora, ¿por qué es que muchas personas no la tienen?

Paso 2
Nuestro problema: Separación

Dios nos creó para que seamos como él, y para que disfrutemos de la vida. Él no nos obliga a que lo amemos u obedezcamos, sino que nos ha dado voluntad y libertad para escoger. La Biblia dice: "...todos pecaron y están privados de la gloria de Dios" (Ro. 3.23, NVI). "Porque la paga del pecado es muerte, mientras que la dádiva de Dios es vida eterna en Cristo Jesús, nuestro Señor" (Ro. 6.23, NVI).

A través de los tiempos, los seres humanos hemos tratado de cruzar esta brecha entre Dios y nosotros de muchas maneras (religión, buenas obras, filosofías, etc.), pero sin resultados. La realidad es que estamos separados de Dios a causa de nuestros pecados.

Paso 3
La respuesta de Dios: Jesucristo

Jesucristo es la única respuesta a este problema. Él murió en la cruz y resucitó de la tumba, llevó el castigo de nuestro pecado y estableció el puente sobre la brecha que separa al ser humano de Dios.

La Biblia dice: "Porque hay un solo Dios y un solo mediador entre Dios y los hombres, Jesucristo hombre" (1 Ti. 2.5, NVI). "Pero Dios demuestra su amor por nosotros en esto: en que cuando todavía éramos pecadores, Cristo murió por nosotros" (Ro. 5.8, NVI).

El ser humano es pecador y Dios es santo, y hay una sola manera de cruzar la brecha, que es a través de Jesucristo.

Paso 4
Nuestra respuesta: Recibir a Cristo

Debemos confiar en Jesucristo y recibirlo por medio de una entrega e invitación personal. Jesús dice en la Biblia: "Mira que estoy a la puerta y llamo. Si alguno oye mi voz y abre la puerta, entraré, y cenaré con él, y él conmigo" (Ap. 3.20, NVI). También dice: "Mas a cuantos lo recibieron, a los que creen en su nombre, les dio el derecho de ser hijos de Dios" (Jn. 1.12, NVI).

Si usted todavía no pasó por Cristo, entonces aún está en sus pecados y delitos. Pero si usted cruzó esa brecha a través de Jesucristo, entonces usted está con Dios, tiene paz, gozo y seguridad de vida eterna.

¿Cómo puede empezar su vida con Cristo?

1. Admita su condición ("Yo soy pecador").
2. Decida alejarse de sus pecados (arrepiéntase).
3. Crea que Jesucristo murió en la cruz por usted, y que resucitó de la tumba.
4. Por medio de una oración, invite a Jesucristo a entrar en su vida y a tomar el control de ella por medio del Espíritu Santo (recíbalo como a un Dios vivo, como su Señor y Salvador personal).

La Biblia dice: "Si confesares con tu boca que Jesús es el Señor, y creyeras en tu corazón que Dios le levantó de los muertos, serás salvo" (Ro. 10.9).

Un modelo de cómo usted puede orar:

Querido señor Jesús, se que soy un pecador y necesito tu perdón. Creo que tu moriste por mis pecados y que saldaste toda mi deuda. Quiero alejarme de ellos. Me arrepiento por haberte ofendido. Ahora mismo te invito a que vengas a mi vida. Te recibo como un Dios vivo, como mi Señor y mi Salvador. Ayúdame a serte fiel hasta el fin. Gracias por el regalo de la vida eterna. Amén.

Si usted hizo esta oración, la Biblia dice: "porque 'todo el que invoque el nombre del Señor será salvo" (Ro. 10.13, NVI). También dice: "Porque por gracia ustedes han sido salvados mediante la fe; y esto no procede de ustedes, sino que es el regalo de Dios, no por obras, para que nadie se jacte" (Ef. 2.8-9, NVI).

¿Le pidió usted sinceramente a Jesucristo que entrara en su vida? Si su respuesta es afirmativa, ¿dónde se halla él ahora mismo? Según la promesa de Jesús en Juan 6.47 "el que cree tiene vida eterna" (NVI). ¿Qué es lo que usted tiene ahora? La Biblia también nos dice: "El que tiene al Hijo tiene la vida; el que no tiene al Hijo de Dios no tiene la vida. Les he escrito estas cosas... para que sepan que tienen vida eterna" (1 Jn. 5.12-13, NVI).

Andar con Dios

Éste es el principio de una maravillosa nueva vida en Cristo. Para profundizar su andar con él, tenga en cuenta los siguientes consejos:

1. Lea su Biblia cada día, para conocer mejor a Jesús. Comience con el Evangelio según San Juan.
2. Converse con Dios cada día por medio de la oración.

3. Permita que el Espíritu Santo lo controle.
4. Hable de Cristo a otros.
5. Demuestre su nueva vida por medio de su amor e interés por otros.
6. Busque otros cristianos con los cuales usted pueda orar y hablar regularmente sobre sus éxitos y fracasos.
7. Adore a Dios y sirva junto con otros cristianos en una iglesia en donde se predique a Cristo.

Apéndice C
Como usar este libro para estudiar con un grupo

UNA DE LAS CARACTERÍSTICAS DE ESTE LIBRO ES QUE puede usarse como texto de estudio en una clase de jóvenes o adultos. Puede tratarse de una reunión casera, una clase de escuela dominical, una reunión de oración, estudio bíblico en la iglesia o cualquier otro tipo de grupo de cristianos que se junten para edificar su fe. Para tal propósito, hemos incluido los elementos que el maestro necesita para organizar y guiar las clases.

Características de la enseñanza en grupo
   El adulto aprende mejor cuando investiga y comparte con otros sus descubrimientos. A la vez, se siente más motivado cuando aprende cosas que le resultan prácticas. Pero como la disciplina de la investigación y el análisis es difícil de adquirir por cuenta propia, necesita ser estimulado por otros. Una buena manera de encarar el estudio bíblico es mediante la lectura de un libro y la participación activa en una discusión acerca del

contenido del mismo. Para desarrollar este método de estudio, es necesario tener en cuenta algunas cosas para el desarrollo de las clases. Es necesario que el maestro o el líder del grupo se las haga saber a los integrantes.

Cada integrante debe tener una copia del libro. Para el propósito de investigar y compartir en grupo, es de utilidad que cada alumno tenga un ejemplar del libro. También podría a- rreglárselas con una copia de la biblioteca o un ejemplar que le presten, pero si el alumno tiene su propio libro, gozará de algunos beneficios: podrá subrayar las frases que lo impacten, marcar secciones que le parezcan importantes, escribir comentarios en el margen y anotar al final de cada capítulo las preguntas que se le ocurran y que más tarde podrá compartir con la clase.

Cada integrante debe leer el capítulo antes de la clase o reunión. Para que todos puedan participar activamente en la clase, es necesario que cada uno haya leído con atención el capítulo correspondiente. El diálogo se realizará en torno al contenido del capítulo, así que si alguno no lo conoce, no podrá aprovechar bien el encuentro.

Cada integrante debe responder las preguntas antes de la clase. Al final de cada capítulo aparece una serie de preguntas que el alumno debe responder antes de ir a la clase o reunión. Algunas de esas preguntas se refieren al contenido del capítulo, mientras que otras son de reflexión o aplicación personal. Las preguntas tienen como objetivo que el alumno aprenda los principios fundamentales que se tratan en el capítulo.

Cada integrante puede anotar las preguntas o comentarios que hayan surgido en la lectura del capítulo. De la lectura detenida y atenta del texto, posiblemente surgirán preguntas o comentarios. Lo más apropiado es anotar en un cuaderno aparte todas las preguntas que surjan, porque, de otra manera, lo más probable es que cuando llegue la hora de la reunión, el alumno se las haya olvidado. Como en las clases o reuniones se trata de compartir y discutir, todas las preguntas y comentarios son de provecho.

Cómo organizar y dirigir la reunión

Es importante que el maestro o líder del grupo de estudio tenga en claro cómo organizar al grupo y dirigir la reunión. No nos proponemos dar un curso acerca de cómo ser un maestro, pero sí sugerir algunas pautas generales que pueden tomarse en cuenta.

El horario. Es necesario que las reuniones comiencen y terminen a horario. Si la clase se desarrolla como parte de una escuela dominical o academia bíblica, ya estará estipulado el tiempo que tendrá para su desarrollo. Si la reunión se hace en una casa o en algún otro lugar, el líder del estudio es el responsable de comenzar y terminar las reuniones a horario.

El lugar. La reunión puede realizarse en cualquier lugar, siempre y cuando todos se sientan cómodos y tranquilos. Si la clase es parte del programa de escuela dominical de la iglesia, posiblemente tendrán un aula asignada. En el caso de que la clase esté formada por un grupo de hermanos que se reúnen fuera del horario establecido los domingos, pueden juntarse en una casa, en un aula de la iglesia o en el templo mismo. Lo importante es que sea un lugar estratégicamente ubicado, de fácil acceso por transporte público. Si la reunión se hace de noche, hay que tomar en cuenta la seguridad del barrio, para que cuando los hermanos salgan de la reunión no tengan peligro. Si la mayoría va en auto a la reunión, es importante que sea fácil conseguir lugar para estacionar cerca.

El tiempo. Para desarrollar las clases con comodidad, se necesitarán aproximadamente cuarenta y cinco minutos como mínimo. Si, además, desean pasar algún tiempo para orar o cantar alabanzas al Señor, la reunión se extenderá.

El orden. No hay una estructura fija que deba tener la clase o reunión, pero aquí se propone una que puede funcionar bien y que se adecua a las actividades sugeridas en este libro.

1. Bienvenida y oración (10 minutos).
2. Los alumnos exponen las respuestas que hicieron a las preguntas que aparecen al final del capítulo correspondiente (20 a 30 minutos).
3. Cierre y oración final (5 minutos).

Pautas generales para guiar la discusión

Si en la clase todos tienen la oportunidad de expresar su opinión y descubrimientos sobre el capítulo, los alumnos aprenderán más y la clase será más amena. No es fácil guiar una discusión, pero hay algunas pautas que pueden ser de ayuda.

Buscar la opinión de todos. Para que la clase sea de beneficio para todos, es importante que cada uno tenga la oportunidad de expresarse con libertad. La opinión de todos no sólo debe ser valorada, sino que debe ser esperada y estimulada. En todo grupo es natural que algunos hablen más que otros. Aunque lo ideal sería que todos participaran de igual manera, tal cosa no es posible en la práctica, fundamentalmente porque las personas son distintas entre sí y, por lo tanto, actúan de acuerdo con su personalidad. Pero aun así, es esperable que todos, en mayor o menor medida, participen activamente en la discusión.

Cómo estimular la participación de los más tímidos. El maestro o líder del grupo de estudio es el encargado de estimular a los más callados para que participen. Cuando hay algún alumno (o algunos) que monopoliza la conversación en la clase, el maestro puede estimular la participación de los demás con la siguiente pregunta: "¿Qué piensan los demás? ¿Qué opinan sobre lo que dijo _____?". A veces, es necesario pedir al "hablador" que no siga hablando para dar lugar a los que no han participado. También el maestro o líder puede solicitar por nombre la participación de algún integrante.

La aplicación práctica. En la reunión deben pensar y discutir acerca de la aplicación práctica que tiene lo que han leído. Entre las preguntas, hay algunas orientadas a la aplicación personal de la enseñanza. Además, las preguntas especiales para la clase que aparecen más abajo procuran establecer formas concretas de aplicar las enseñanzas en la vida personal y de la comunidad.

Actividades especiales para los encuentros

Al comenzar la reunión, los integrantes del grupo de estudio deben compartir las respuestas al cuestionario que aparece al final de cada capítulo. Es importante recordar que los alumnos, al llegar a la reunión, ya deberán haber leído el capítulo y contestado las preguntas que allí aparecen, sobre todo la sección Preguntas para el estudio y la reflexión. En clase podrán discutir ampliamente sobre la base de la sección Activiades de aplicación.

Es oportuno recordar que siempre habrá algunos que por razones personales no habrán cumplido con el compromiso de responder las preguntas. En ese caso pueden participar igualmente de la clase, aunque no le sacarán todo el provecho que podrían.

    Para hacer que todos participen en esta parte de la clase, el maestro puede leer la primera pregunta y pedir al grupo que diga qué respondieron. No es necesario que hablen por turno. Quien quiera, puede expresarse libremente y dar a conocer su opinión.

Bibliografía

Abbagnano, Nicolás, *Diccionario de filosofía*, México, Fondo de Cultura Económica, 1967, 1206 pp.
Adams, Jay E., *Manual del consejero cristiano*, Barcelona, CLIE, 1987, 457 pp.
Allen, Douglas M., *Eliade y el fenómeno religioso*, Madrid, Cristiandad, 1985, 302 pp.
Artiles, M. F., *El catolicismo popular en la Argentina*, Buenos Aires, Bonum, 1969, 72 pp.
Ayer, A. J., *El problema del conocimiento*, Buenos Aires, Eudeba, 1962, 272 pp.
Babel, A. y otros, *Sobre la religión II*, Salamanca, Sígueme, 1975, 675 pp.
Barclay, William, *Palabras griegas del Nuevo Testamento*, El Paso, Casa Bautista de Publicaciones, 1977, 219 pp.
Berkhof, L., *Teología sistemática*, Grand Rapids, TELL, 1969, 953 pp.
Billheimer, *Destinados para el trono*, EUA, CLC, 1975, 165 pp.

Bonhoeffer, D., *Ética*, Madrid, Estela, 1968, 289 pp.
Brandon, S. G. F., *Diccionario de las religiones comparadas*, Madrid, Cristiandad, 1970, 750 pp.
Bultmann, Rudolf, *Teología del Nuevo Testamento*, Salamanca, Sígueme, 1981, 449 pp.
Canclini, Arnoldo, *Cristianismo y existencialismo*, Buenos Aires, Certeza, 1972, 81 pp.
Caston, Vernon, *El fruto del Espíritu Santo*, Buenos Aires, IBBA, artículo inédito, 14 pp.
Chafer, Lewis Sperry, *Teología sistemática*, EUA, Publicaciones Españolas, 1974, 1224 pp.
Champlin, Russell Norman, *O Novo Testamento interpretado*, Brasil, Milenium, Distribuidora Ltda., 1982, 670 pp.
Cox, Harvey, *La religión en la ciudad secular*, Santander, Sal Terrae, 1984, 255 pp.
Danielou, Jean, *¿Desacralización o evangelización?*, España, Mensajero, 125 pp.
Dussel, E., y María Mercedes, *El catolicismo popular en la Argentina*, Buenos Aires, Bonum, 1970. 233 pp.
Equipo Seladoc, *Religiosidad popular*, Salamanca, Sígueme, 1976, 379 pp.
Facultad Filosófica de la Universidad Pontificia Saleciana de Roma, *El ateísmo contemporáneo I*, Madrid, Cristiandad, 1971, 533 pp.
Fletcher, Joseph, *Ética de situación*, España, Ariel, 1970, 259 pp.
Fries, Heinrich, *Conceptos fundamentales de la teología, Tomo II*, Madrid, Cristiandad, 1973, 919 pp.
González de Cardenal, Olegario, *Ética y religión*, Madrid, Cristiandad, 1977, 354 pp.
Graham, Billy, *Manual de Billy Graham para obreros cristianos*, EUA, World Wide Publication, 1984, 297 pp.

Herder y Herder, *Teología de la renovación*, Salamanca, Sígueme, 1972, 341 pp.

Hromadka, Josef, *El evangelio para los ateos*, Montevideo, Tierra Nueva, 1970, 107 pp.

Jenni, E. y Westerman, C., *Diccionario teológico manual del Antiguo Testamento, Tomos I y II*, Madrid, Cristiandad, 1985, 1328 pp.

Kennedy, James D., *Evangelismo explosivo*, Buenos Aires, EE III, 1987, 245 pp.

König, Franz, *Diccionario de las religiones, Tomos I y II*, Barcelona, Herder, 1964, 1483 pp.

Küng, Hans, *Ser cristiano*, Madrid, Cristiandad, 1977, 764 pp.

Kurt, Aland, Matthew Black y otros, *The Greek New Testament*, EUA, Sociedades Bíblicas Unidas, 1966, 1118 pp.

Lacy, G. H., *Introducción a la teología sistemática*, Miami, Vida, 1985, 472 pp.

Laplanche, Jean y Jean B. Pontalis, *Diccionario de psicoanálisis*, España, Labón, 1974, 557 pp.

Larrañaga, Horacio, *Muéstrame tu rostro*, Salamanca, Sígueme.

Loisy, Alfred, *Los misterios paganos y el misterio cristiano*, Buenos Aires, Paidós, 1967, 252 pp.

Lothar Coenen y otros, *Diccionario teológico del Nuevo Testamento*, Madrid, Sígueme, 1984.

Macquarrie, John, *El pensamiento religioso en el siglo XX*, Barcelona, Herder, 1975, 553 pp.

Marx, Karl y Friedrich Engels, *Sobre la religión I*, Salamanca, Sígueme, 1979, 457 pp.

Mateos, F., *El primer concilio del Río de la Plata en Asunción*, Madrid, Misionología Hispánica XXVI, 1969, 101 pp.

Morris, León, *El salario del pecado*, Barcelona, Ediciones Evangélicas Europeas, 1973, 63 pp.

Mullins, Edgar, *Evidencias cristianas*, El Paso, Casa Bautista de Publicaciones, 1934, 428 pp.
Nelson, P. C., *Doctrinas bíblicas*, Miami, Vida, 1954, 180 pp.
Nelson, Wilton M., *Diccionario ilustrado de la Biblia*, Miami, Caribe, 1974, 735 pp.
Packer, J. J., *Hacia el conocimiento de Dios*, Miami, Logoi, 1979, 319 pp.
Pacomino L. y otros, *Diccionario teológico interdisciplinar*, Tomos I y II, Salamanca, Sígueme, 1982, 603 pp.
Pearlman, Mayer, *Teología bíblica sistemática*, Miami, Vida, 1985. 472 pp.
Pike, Royston E., *Diccionario de religiones*, México, Fondo de Cultura Económica, 1960, 478 pp.
Pop, F. J., *Palabras bíblicas y sus significados*, Buenos Aires, Escatón, 1973, 472 pp.
Powell, Elsie R. de, César Abreu-Volmar y otros, *Poesía y vida*, Buenos Aires, Certeza, 1979, 106 pp.
Real Academia Española, *Diccionario de la lengua española*, Madrid, 1970, 1424 pp.
Russell Norman Champlin, *O novo Testamento interpretado, Vol. 5*, San Pablo, Milenium Distribuidora Cultural Ltda., 1982.
Sacramentum Mundi, *Enciclopedia teológica*. Tomo V, Barcelona, Herder, 1974, 1079 pp.
Sargant, William, *La conquista de la mente humana*, España, Aguilar, 1964, 333 pp.
Sarton, Alain, *La inteligencia eficaz*, España, Mensajero, 1972, 253 pp.
Schillebeeckx, Edward, *Dios y el hombre*, Salamanca, Sígueme, 1962, 362 pp.
Stagg, Frank, *Teología del Nuevo Testamento*, Buenos Aires, Casa Bautista de Publicaciones, 1976, 345 pp.

Stott, John, *Las controversias de Jesús*, Buenos Aires, Certeza, 1975, 233 pp.

Thils, Gustave, *¿Cristianismo sin religión?*, España, Nuevas Fronteras, 1970, 180 pp.

Van Der Leeuw, G., *Fenomenología de la religión*, México, Gráfica Panamericana, 1964, 687 pp.

www.ingramcontent.com/pod-product-compliance
Lightning Source LLC
Chambersburg PA
CBHW070638160426
43194CB00009B/1491